瞑想と霊性の生活 3

スワーミー・ヤティシュワラーナンダ

日本ヴェーダーンタ協会

目次

第二部　霊性の修行

(二) 技法［続き］

出版者のことば

現代が抱えるもっとも大きな問題の一つは、お金は不足していないけれど心の平安がないことから不幸な人生を送っている人がたくさんいることです。永続する幸せを得るには、幾ばくかの浅い信仰心を持って形式的に儀式を実践するだけでなく、霊的な価値観を養うことが不可欠です。この霊的価値観の中心にあるのは、人生について深く問いかけ、納得のいく答えを得、それにしたがって人生を生きることです。

スワーミー・ヤティシュワラーナンダジーの著書『瞑想と霊性の生活』は、霊性の生活とはどのようなものか、どうしたら霊的な生き方ができるか、またそれにはどのような障害がありどうすれば解決できるか、そして霊性の生活からどのような恩恵が得られるかについて論じた優れた本です。一言で言えば、本書は実践上のヒントに富んだ、霊性の生活のすばらしい手引書です。

日本ヴェーダーンタ協会では、原書『Meditation and Spiritual Life』から様々な章を選んで、日本語版としてこれまでに二巻を出版しました。日本語版の最終巻であるこの第三巻には、原書の残りの章のうち重要なもののほとんどが収録されています。

霊的な生活に深い興味を持つ読者にとって、この第三巻も非常に価値ある一冊となるでしょう。

本書の制作のためにご尽力いただいた信者の方々に心よりお礼を申し上げます。無私の奉仕を実践された皆様に神のご加護がありますように。

凡例

※ 注のアラビア数字は原注。例［1］［30］、注の漢数字は訳注。例［一］［三〇］。原注・訳注は章、または本文の最後にまとめてあります。

※（ ）の文字は、基本的にその前にくる言葉の簡潔な訳注です。例プラーナ（神話）

第一九章　瞑想の生活の本質

私たちがこれから歩むべき道

まず第一に重要なことは私たちがこれからそこを目指して歩む霊性の理想をはっきりと把握することである。サーンキヤ哲学として知られる古来よりの考え方によれば、この世の実在には次の二つの型しかない。すなわち純粋意識の魂としてのプルシャと全宇宙としてのプラクリティである。ヴェーダーンタ哲学では人間の魂はアートマンと名づけられ、人間のおのおのの魂は、パラマートマンあるいはブラフマンと名づけられたあまねく浸透し、無限なる至高霊の一部分である。それゆえヴェーダーンタ哲学では「自己」を悟ることが神を悟ることである。魂であるアートマンとおのおのの魂の「魂」であるパラマートマンの実在を信じる私たちは、あらゆる生きものの内部と私たちの心の内部にまします神と私たちを融合したいと熱望する。あまねく浸透している神を悟ることが私たちの霊性の生活の目標である。

私たちが学生時代にシュリー・ラーマクリシュナの偉大な弟子たちと出会ったとき、あの方々は私たちの目指すべき理想は「自己」を悟ることであると説いた。あの方々は「自己」を悟るということで自分だけといった排他的なことを言わんとしたのではない。誤解しないようにあの方々は次のように私たちに教えた。人はその人自身の崇高な自己に近づけば近づくほど、ますますその人は至高霊を感じるようになり神があらゆるものの内に顕在しているのを感じる。それに続いて、人はあらゆるものに内在する主に奉仕したいと感じるようになる。しかしそのように感じるためにはそれ以前に、人は祈りと礼拝による霊性の道に従い、その人自身の魂とあらゆるものに内在する神の本質を明確に理解するように努力しなければならない。

これが究極目的の理想であるが、第二に、「そのためには、私たちはどのような道に従えばよいのか」という問いが生じる。この点についてもまたあの方々は自己救済と他者への奉仕という二重一体を目標とせよと私たちに説いた。仕事と礼拝は手に手をとって歩まねばならない。あらゆるものに内在する主に奉仕しているのだという精神で仕事は行わねばならない。私たちはさまざまな種類の活動を行ってはいるが、私たちの霊性の発展に関連づけてということになると、仕事をどのように行ったらよいのか、私たちの職務をどのように果たせばよいのか、さまざまな活動にどのような態度で従事すればよいのか、を私たちは知らない。最初は仕事を人間の義務として行わねばならない。義務はいかなる事情にあれ必ず果たさねばならない。そのような態度で行っていると、私たちが次第に進歩するにつれ、私たちは仕事の成果をあらゆる活動を主宰する神である至高霊に捧げなければならないと感じるようになる。そうするうちに、「私たちはなぜ働かねばならないのだろうか」と疑問が生じてくるが、そのときその答えもまた私たちの心の内から自然にわき出てくる、「主の御心《みこころ》にかなうがために」と。そうするうちにやがて、私たちを浸透し貫通している神の臨在を感じるときが、到来するかもしれない。そのとき、私たちは完全に神の力――人類の福祉のために働く神の力という流れの伝導路となる。

霊性を飢え求めなさい

仕事はそれにふさわしい心構えで行われねばならないのと同じく、礼拝もまた正しい仕方で行われねばならない。私たちはすべて必ずなんらかの仕事をしなければならない。仕事は義務であるが、困ったことに礼拝は選択科目である、というのである。私たちの大多数は礼拝もジャパも瞑想もしたいとは思わない。残念なことである。もし私たちが霊性を飢え求めるようになれば、私たちは霊性の食べ物を摂取したいと思う。私たちが体に栄養を与えようとするなら、私たちは健康的なよい食べ物を体に与えなければならない。心に栄養を与えようとするなら、勉学研究がその栄養であるが、その研究内容は当然良いものでなければならない。同様に私たちは魂にも栄養を与えねばならない。しかし何によって魂は栄養を与えられるのか。それは礼拝とジャパと瞑想の実践によってである。

シュリー・ラーマクリシュナの次のような例え話がある。子供が就寝時に、「お母さん、夜中に僕がおなかがすいたらお願いだから僕をおこしてね」と頼んだが、すぐさま母は「そんな必要はありません。何か食べたくなったらひとりでに目が覚めるものです[1]」と答えた。魂が開発発展するにつれ、私たちは霊性を飢え求めるようになり、長年続いた居眠りから目覚めるときが到来する。しかしそのとき、ただ単に目覚めるだけでは十分ではない。私たちははっきりと目を覚まし、活発に活動しなければならない。私はホーリー・マザーのすばらしい格言を思い出す。あの方はこのようにおっしゃった、「部屋の中にさまざまな食べ物の材料があったとしても、人にとってはそれを料理しなければ何にもならない。早く料理した人はそれだけ早く食事もできる[2]」と。私たちの多くは怠惰なために、適切な時間に料理をしようとせず、多分夕方遅くなってからしか料理しようとはしない。ある人びとは食べ物を料理するより餓死した方がいいと思っているのかと思われるほどに怠惰である。彼らが霊性の生活から得るものは少なく、惨めに感じるのは当然のことである。

ブラフマーナンダは何と教えたか

私たちが静かに座り、何らかの精神的な礼拝やジャパや瞑想をしようとすると、初めのうちは多くの障害物が立ち現れてくる。スワーミー・ブラフマーナンダが私たちにつねづね教えていたことだが、これはまったく自然な現象なのである。この点についてスワーミーの霊性の教えを収載している本「永遠の伴侶」から少し引用してみたい。スワーミーは次のようにおっしゃっている。

ジャパと瞑想とを規則正しく行いたまえ。たとえ一日でも、おこたってはいけない。心はしつけの悪い子供のようなもので、つねに落ち着きがないのだ。それをイシュタに集中することによって、落ち着かせるよう、くり返し努力したまえ。そうすればついに「彼」に没入できるようになる。もしこの修行を二年か三年続けるなら、言い表せない喜びを感じるようになり、心は落ち着いてくるだろう。最初は、ジャパと瞑想の実践は無味乾燥に思われるものだ。苦い薬を飲むのに似ている。無理やりにも神の思いを心につぎ込まなければならない。続けているうちにやがて、心が喜びでいっぱいになるのだ。試験をパスするためには、学生はどんなに苦しい試練をへなければならないことだろう。神を悟るのはそれよりずっとたやすいことなのだよ。静かな心で、真剣に「彼」に呼びかけたまえ[3]。

前述の教えを聞いていた弟子は次のように言った。「しかしときどき、私はいくら努力してもまったく進歩が見られないように感じます。これはすべて間違っているのではないかと思われるのです。絶望に捕らえられてしまいます」と。それに対しスワーミーは次のように述べられて彼を希望で満たした。

いや、いや。絶望する理由などはまったくないよ。瞑想の効果は避けることのできないものだ。もし信仰をもって、いや信仰はなくてもよい、やっているうちに生まれて来るのだから、ジャパを行ずるなら、結果は出てくるに決まっている。もう少しの間、規則的に修行を続けたまえ。平安を見いだすであろう。瞑想は健康によいのだ。

瞑想は、初歩の段階では、心と戦争をやるようなものだ。努力によって、落ち着かぬ心を支配下におき、それを主の御足のもとに置かなければならない。しかし最初には、頭脳に負担をかけすぎないように注意したまえ。ゆっくりと進み、徐々に努力を強化するのだ。規則正しく行じることによって心は落ち着いてき、瞑想がらくになる。もはや長い間すわっていても少しも疲労を感じないようになるであろう。

熟睡したあとで心身がさわやかになるのと同様に、瞑想のあとは気分が壮快で、強烈な幸福感を経験するであろう。

肉体と心とは密接につながっている。肉体が不安定だと心も不安定になる。それゆえ、肉体を健康に保つよう、食事には気をつけたまえ。……

瞑想はそんなにやさしい仕事ではない。食べすぎると、心は落ち着かなくなる。また色情や怒りや貪欲などのような感情が征服されていないと、心はやはり不安定である。不安定な心で、どうして瞑想することができようか。……

瞑想しなければ心を制御することはできないし、心が制御されなければ瞑想することはできない。しかしもし君たちが、「まず心を制御しよう、それから瞑想をしよう」と思ったら、決して成功しないだろう。心を静めることと瞑想とを同時に行うべきである。

瞑想にすわったときには、心中に起こる欲望を、単なる夢であると思いたまえ。非実在のものと見よ。それらは決して心に付着することはできないのだ。自分は純粋である、と思いたまえ。そうしていれば次第に、君たちの心は純粋さで満たされるようになるだろう。……

もし君たちが神をさとろうと思うなら、忍耐と不屈の精神をもって修行を続けたまえ。やがて知恵が啓けるであろう[4]。

至高の存在が悟られると、その大悟した魂は平安と至福を得る、そして次にこの平安と至福を彼の同朋と共に分かちあう。これが、スワーミーが私たちの前に目指すべき目標として置いた理想であり、それゆえにこの理想を実現すべく従わねばならない修行もまたスワーミーは私たちの目指すべき目標とされた。

初期の段階

前述したように、あなたが静かに座ろうとすると、さまざまな種類の動揺妨害が心に生じてくる。ときには、あなたは瞑想をしない方がはるかに平静であると感じるかもしれない、すなわちあなたが瞑想のために座るやいなや、あなたの心は不穏となってくる。心ばかりではない。体がうずき始め、感覚もまた奔放に暴れだし、心の中には破廉恥でいいかげんな考えが限りなく生じてくるかもしれない。そしてジャパと瞑想をするのに奮闘努力が必要となる。しかしこの奮闘努力は必ず経験しなければならないものである。

あらゆる宗教の霊性の師たちは私たちの目指すべき理想としてまず第一に、基本的な最小の清らかさを、すなわち身体の清らかさ、諸感覚の清らかさ、心の清らかさ、エゴの清らかさを達成しなければならないと説く。体がある病気に病んでいるために体のそれぞれの器官が調和せず適切に働かないこともあろう。私たちの諸感覚はすべて外部に向けられており、つねに感覚対象と接触したがっている。過去の諸記憶が私たちの心を揺れ動かす。その上更に、私たちの心にはそれとは別の種類の不調和がある。すなわち私たちの考えが東に向かえば、その感情は西に向かい、その意志は南に向かい、その上私たちのエゴは頑として動かない。エゴとは泡のようなものであるが、その小さなエゴはあまりにも自分自身だけを重視しすぎて、他の泡たちのことを忘れている。それはその泡が生い立つ大海までも忘れて、大きくなろうとする。どうなると思うか。泡は破裂する。実際このようなことが多くの人びとに起こっている。

さて、私たちはこのように行く手にいかなる困難が待ちうけていようとも、それにおびえないようにしようではないか。バガヴァッド・ギーターでアルジュナが主に「あなたは心の制御について語られた、あなたは『自己』を悟るということについて語られた。しかし、私の心はひどくかき乱れており、それを制御できません」と訴えているところがある。師は弟子のその苦悩を認め、慈悲深く次のように語られた。「確かにお前の言うとおりである。しかし適切な方法によって、無執着と絶えざる瞑想の修行によって、この乱れた心は、一見制御不能に感じられようとも、制御され得るのである[5]」と。最終的には、私たちは至高の霊、私たちの魂の「魂」、全宇宙の唯一の霊と触れるようになるのである。

環境に不平を言ってはならない

まず第一に、私たちはことあるごとに私たちの環境にあまりに不平を言いすぎているということに気づきなさい。いつも環境に不平をいうだけで、実のところ何もしたくないのである。試みに環境を変えてみよ。そうしたところで、そこでも前と同じ不平が生じることであろう。私たちはどこにも理想的な環境を見いださない、そのようなものは存在しないのである。あなたは「環境が適切でない、どうすれば私は瞑想を実践できるのですか」と言い訳をする。よろしい、あなたはまさにその場で瞑想をしなければならない。あなたは非常にめんどうな状況にあっても睡眠だけはとろうと努めるではないか。それと同じく、あなたはいかなる環境にあっても、瞑想を実践するように努力しなければならない。どのようにしてか？　あなたが眠ろうとするとき行うのと同じように、外界のあらゆる障害物から自分自身を引き離すことによってである。このことは瞑想の修行をつづけることによって可能となる。

それからまた私たちは身体というやっかいなものを持っている。ことによると、身体が病気に悩んでいることもあろう。しばしば私たちは次のような不平を耳にする。「ああ、スワーミー、私は瞑想しようとして座ると、頭が痛くなってくる」と。やれやれ、ある人たちには瞑想自体が頭痛の種なのだ。ともかく、まず健康になるように努力しなさい。バガヴァーン・シュリー・クリシュナがギーターの瞑想的ヨーガの章で次のように語るのはそのためである。「食べ物、休養、仕事、睡眠、覚醒のすべての面で調和がとれ節度のある人には、ヨーガは行いやすく、また不幸に打ち勝つものとなる［6］と。人は両極端の道を避けて、中庸の道に従うべきである。この中庸の道こそが、霊性の道を歩むときの精神力と活力を人に与えるのである。

まず身体を躾《しつ》けなさい

私たちの身体を躾けるにはある程度ある種の訓練が必要である。身体の躾の次には、諸感覚が躾けられねばならない。そしてその次には、心が躾けられねばならない。そればかりでなく、エゴもまた躾けられねばならない。

体に教えこむにはどうすればよいか。あなたの食べ物に注意しなさい、すなわち過食を避け、あなたにあった体の調和に役立つ食べ物を選びなさい。物を食べること自体が胃袋にとっての最大の運動と考えている人が多い。しかしそれだけでは充分ではない。健康な食べ物を食べること以外に、消化、吸収、排泄《はいせつ》ができるだけよく行われるように、ある程度の四肢の運動を、特にある程度の胃の運動をしなければならない。これらが守らねばならない原則、根本的な原則である。私たちの古代の師たちは、「まず第一にしなければならないことは、霊性の生活を追求するための手段である体を大事にすることである［7］」と教えた。私はときどき、病弱な人が訪ねてきて、「私は私の体のことを忘れたい」と訴えるのに出会うことがある。彼らの体は骨と肉の塊なのだ。身体を適切に養い健康にしなさい。身体が健康な状態でなければあなたは決して身体を忘れることはできない。

道徳的訓練

ヨーガの教師パタンジャリは、霊性の求道者がある程度彼の説くヤマとニヤマという修行に定着した後でなければ、アーサナすなわちヨーガの姿勢についての教えを説くことを好まなかった。霊性の求道者は非暴力を実践し、つねに真実を語り、貪欲にならず、できるだけ禁欲を守り、みじめにも他者に依存してはならない。これが、彼がヤマと名づけるものである[8]。これだけではまだ充分ではない。更に彼は次のように説く。人はかなりの程度に外的な清らかさと内的な清らかさの修行をしなければならない。人は自分自身の環境に満足し、できるだけそれに適応しなければならない。人は身体と言葉と心の三重一体の訓練をしなければならない。更に人は聖典を研究し、その考えをわがものとして身につけねばならない。それだけではまだ充分ではなく、自分本位の行動であってはならない。人は自分自身を完全に至高霊に献身しなければならない、信者は後に自分自身の魂の根底にある唯一の普遍的な魂が至高霊であると悟ることになるのではあるが。これらすべてが、ニヤマと呼ばれる項目に属している[9]。

スワーミー・ブラフマーナンダは私たちにつねに次のように教えた。『私は色欲に打ち勝ちたい、私は怒りに、また貪欲に打ち勝ちたい』というのがおまえのやり方であるとしたら、おまえは決してそれらに打ち勝つことはないであろう。しかしおまえがおまえの心を神に固定できたなら、あらゆる欲情はひとりでにおまえ自身から離れていくであろう。おまえが神を信じないうちは、おまえは決して完全には道徳に定着できないだろう[10]」と。スワーミーがここでいう神とは宇宙の外の存在者のことではない。初心者としては、神はこの世界を創造し、維持し、そして再び回収する存在者あるいは創造力と考えるかもしれない。しかし私たちが進歩するにつれ、私たちが外部に存在すると考えていた神は、ただ単に外部の力であるのみならず、私たちの内部に存在していることが分かり、更に進歩すると、私たちはあらゆるものの内に神が存在することを感じるようになる。

精神の調和を養い育てなさい

時折、人びとは訪れてきて尋ねる、「スワーミー、私はすべてのことのみならず、私の心そのものも忘れたいのです」と。彼らはどのような心を持っているというのか。スワーミー・ヴィヴェーカーナンダは心という言葉でよくだじゃれをいったものである。心をベンガル語ではモンという。それところでモンはまた重量単位の一モーントすなわち八〇ポンド（約四〇キロ）を意味する。それであの偉大なスワーミーは彼を訪ねてきた若者に、「お前のモン（心）は八〇ポンドか、それともチャタック（二オンス〔約六〇グラム〕）しかないか。お前はどんな心をもっているか」とよく尋ねたものである。心は成長発展させねばならないものである。意志を成長発展させねばならない。思考と感情も成長発展させねばならない。そのように発展させてからはじめて、心を超越するということが問題となるのである。それは非常に難しい課題ではあるが、霊的な渇望があれば、これらすべては容易となる。精神を集中して事に当たれば、どんなむずかしいことでも成し遂げられないことはない。あなたが試験にパスしたいと思うときは、（特に、インドの若者といったら英知を求めて努力する代わりに、彼自身と彼の家族を養うために、ある官職を得たいと神経質になりすぎている）労苦もいとわず努力することであろう。それはあなたが奮闘努力すべき理想を持っているからである。霊性の生活においても、私たちが霊性の理想を私たちの前にきらきらと輝かして生き生きと持ちつづけるならば、あらゆることが容易となる。私たちのあらゆる労苦は骨折りがいのあるものとなる。

カタ・ウパニシャドにあるすばらしい例え話を思いおこそう。カタ・ウパニシャドでは次のように述べている。「身体はたとえれば二輪戦車のようなものである。諸感覚は馬であり、心は手綱、知性は御者、アートマンはその戦車の主人である〔11〕」と。戦車が進もうとするとき、もしもその車輪がはずれてころがり離れてしまったなら、戦車は進むことができるだろうか。馬は落ち着きを失い暴れだす。馬を制御するために、あなたは手綱をしっかりと握っている必要がある。戦車の主人は、御者に油断なくしっかり目を覚ましているよう命じなければならない。しかし通常みられるのは次のような状態である。主人は眠ってしまい、御者は酒に酔って、手綱はゆるみ、ために、馬は暴走し始めるが、幸いなことには大きな惨事はおこらない。それゆえ、惨事がおこる前に、私たちはしっかり目を覚まそうではないか、すなわち戦車の主人にしっかり目を覚ましてもらおうではないか。その主人をして御者に油断するなと、すなわち心の助けをかりて諸感覚を制御しその感覚を正しい道に沿って導くように命じさせようではないか。そうすれば戦車はまちがいなく進むであろう。

しかし私たちの誰一人として霊性の修行をし始めて直ちに完成に到達できる人はいないということを思いおこそう。ある最小限度の進歩があって始めて、私たちの体と心と感覚が調和した状態になる。さらにエゴを、すなわちこの強情なエゴを、私たちの小さな意志の背後にある宇宙的な大意志と連結するような心構えにしなければならない。私たちがある程度（このある程度ということを忘れるな）、まず体を調和し、次に心と諸感覚を調和することを確立したとき、そして私たちの心に霊性を渇望する心を目覚めさせることができたとき（これらすべてにある程度成功したとき）、そのとき始めて瞑想法の真の第一段階であるアーサナ（姿勢）を始めることができる。

姿勢（アーサナ）

ヨーガの教師パタンジャリは、ヤマとニヤマとをある程度実践してからでないと、私たちにあるヨーガの姿勢で座ることを許さないということを忘れてはいけない。私たちはどのような姿勢を選びとるべきか。ヨーガの姿勢の定義は次のようである。「姿勢とは安定していてかつ気持ちよい姿勢である[12]」あなたにとって安定しておりかつここちよいと感じる姿勢を選びとりなさい。「私は横たわる姿勢をとってもよろしいのですか」と問う人もいるかもしれない。そう思うなら、あなたは横たわる姿勢をとってよろしい、そしてそれをアーサナとして実践しなさい、しかしあなたはかなりの危険を冒すことになる、なぜならそれは通常睡眠に結びついた姿勢であるからである。横たわる姿勢による瞑想の実践では、あなたはまったく進歩しないかもしれない。あなたはそれで少々気持ちよい仮眠をし、あなたの心身をさわやかにするかもしれないが、霊性に関してはあなたを鈍感にするであろう。「礼拝は座った姿勢でこそ可能である[13]」と、ヴィヤーサは言う。座った姿勢はより優れた姿勢ではあるが、そのとき心も体ものびのびとくつろいでいると感じる姿勢であるように注意しなさい。あなたが体操としてヨーガアーサナを実践したいと思うならば、それはまた別の機会にするがよろしい。あなたは瞑想のために座るのであれば、心と体をのびのびとくつろがせ、安定して座るべきである。

すべての人のために祈りなさい

座ってから、主のことを思い起こしなさい。「彼」は私たちの理想であり、「彼」は私たちの心の内に宿る霊である。主は内にも外にも存在する。あなたは祈りを唱えてもよい。少々音楽的でありなさい。あなたの心と諸感覚と体を微妙な霊的振動と共振させなさい。それから至高の存在に挨拶をしなさい。霊性の生活において、ある特定の信仰の道に従うときの最大の危険は私たちがあまりに狂信的になりがちなことである。それゆえ、至高の霊ばかりでなく、あなたの国と世界中の国々の偉大な霊性の師たちと聖者たちに挨拶することは非常によいことである。そのときどうなるか。心は広々として寛容となる。

霊性の生活におけるもう一つの危険は極端に利己的となることである。少なくとも霊性の生活の初期にあっては、霊性の求道者があまりに自分自身を重視しすぎるのを私はしばしば見てきた。彼らは他の人のことを忘れているのである。それゆえ、自分自身の福祉だけでなく、すべての人の福祉を祈るのはよいことである。あなたが平安を渇望し、清らかさに到達したいと願い、悟りに到達したいと願うように、またすべての人びとのために平安と清らかさと悟りを祈りなさい。「すべての人びとが至高の存在に向かって歩んでいきますように。すべての人びとが清らかになりますように。すべての人びとが悟りますように」この種の祈りは私たちの心を広々と寛容にする効果をもっている。

この種の祈りがいかに素早くあなたのいらいらをなだめ、あなたの心を落ち着かせるかを知ってあなたは驚くであろう。この種の祈りと挨拶はある程度私たちの意識を拡大するということの他に、私たちの瞑想の修行を大いに促進する。

調息の意義

この段階で、律動的な呼吸法を少々実践するのは非常に有益である。深く息を吸い、ゆっくりと吐き出していく。息を止めたり、鼻口を閉じたりする必要はない。両鼻口を通して着実に規則正しく、息を吸い息を吐きなさい。しかしそのとき心に次の暗示を与えなさい。「私は今清らかさと力と平安を呼吸しているのだ」と。無限の存在者が平安のすべての源である。霊性の生活において、事実、私たちはこれで充分であるという清らかさ、力、平安を得ることはできないが、それらをより多く得れば得るほど私たちはより清らかに、より力強く、より平安となる。あなた自身を神の清らかさと神の力と神の平安で満たしなさい。私たちの清らかさを吐き出しなさい。すべての人びとに向けて清らかさの流れを送り出しなさい。すべての人やものに対して思いやりの心を持ちなさい。すべての人やものに対して優しくありなさい。あなたがこの心構えを養うことに成功すると、あなたはより高い次元にいとも簡単に向上し得る自分を知って驚くであろう。それは私たちがこの心構えにあるとき、私たちの諸感覚をその対象から簡単に引き離すことができるからである。

欲望を霊化しなさい

諸感覚は外界と接触したいと思っている。諸感覚を制御しなさい、ウパニシャドの見神者たちがしたように諸感覚の方向を内側に向けさせなさい。諸感覚の働きを霊化しなさい。ヴェーダの祈りが次のように言うのと同じようにしなさい、「おお、神々よ、私たちは私たちの耳で吉兆なことを聞きますように。おお、崇敬すべき神々のあなたたちよ、私たちは私たちの目で吉兆なことを見ますように[14]」と。善いことを聞きなさい、善いことを話しなさい、善いことを見なさい。諸感覚に善い方向を与えなさい。それらを霊化しなさい。

次には、つねに暴走しようとしている心が問題となる。いかにして心を静めようか。欲望と情欲はいかなる種類であれ、心を悩ます。霊性の気分を、すなわち広大無限な意識の気分をいくらかでもよいから養いなさい。この心の乱れは幻影であり夢のようなものであると考えなさい。自分自身に次のように言いきかせなさい、「色欲、怒り、貪欲、盲目的情熱、うぬぼれ、恨み、を恐れるな。決して恐れるな」と。それらを霊化しなさい。神との交流を持ちたいと渇望しなさい。他の人びとに対してではなく、あなたの怒りに対して怒りなさい、あなた自身から生じている霊性への道の障害となるものすべてに対して怒りなさい。最大の富である至高の存在を求めることに貪欲でありなさい。あなたが誇りを感じたいと思うならば、私は神の子である等と考えて誇りを感じなさい。そのとき、どうなるか。私たちの欲望はすべて霊性の方向に転ずる。それらはもはや私たちを悩まさず、それらはかえって霊性の生活において私たちの助けとなるかもしれない。

ある人びとの間に有力なある誤った考えがある。ある狭い考えの心理学者たちは霊性の求道者たちに、「あなたたちは皆あなたたちの感情を抑圧あるいは抑制している」と言う。私たちは決してそのようなことはしていない。私たちは私たちの諸感覚と心のエネルギーをたくわえたいと思っている。私たちはこのエネルギーを霊性の道に沿って方向づけたいと思っている。私たちは主の栄光を賛歌したいのである。私たちは至高の存在者の形姿をありありと思いうかべたいのである。私たちは霊性の求道者の生活において、不可視のものを見る目を、神の声をあるいは「天上の音楽」を聞く新しい耳を、開発し、永遠に活動しているものすべてを楽しむ時節が到来するように、私たちの諸感覚を内側に向けさせたいと思っているのである。人は聖なる存在者と戯れることができるが、こうしたことはすべて道のなかばにすぎない。私たちは更に進まねばならない。

神の神殿

すでに一度言及されたカタ・ウパニシャドのよく知られた例え話で、体は二輪戦車にたとえられた。別の例え話では、体は神殿であり、体のうちでもハートの領域は至聖所であるとされる。

これは壮麗な考えである。この神殿のなかに信者と神がいる。あなたは信者と神のこの二つを融合できねばならない。しかしこの神殿は非常に独特な神殿である。私たちの肉体的な神殿は私たちの精神的身体、すなわち精妙な身体によって浸透され貫通されている。この精妙な身体はまたジーヴァートマン（個人的な魂）によって貫通され浸透されており、このジーヴァートマンはパラマートマン（至高の唯一の霊）の一部分である。そして私たちが身体と精妙な身体を、すなわち諸感覚と心を調和させることに成功すると、私たちは私たちの内部に輝く神の光を一段とますます意識できるようになる。そうなると、私たちは「ハート」という至聖所に入ったとき、「ハート」がアートマンの光で満たされており、この光がパラマートマンの一部分であることを知るに至る。

どのように瞑想をするか

もしあなたが形のないものを瞑想する瞑想をしたいと思うならば、あなたの体と心、全世界とすべてのものを神に融解同化しなさい。それには次のように考えるとよい。「私は光の小さな球であり、一方、至高の存在は無限の光の球であり、いたるところに輝いている」と。しかし私たちが身体という意識と個人という感覚を強く持ちすぎている限り、この型の瞑想は実践できない。それゆえ、今は、あなたの魂は清らかな精妙な身体（精神的身体）と清らかな肉体的な身体を着て一方におり、無限の至高霊は私たちが礼拝する理想神であるイシュタデヴァターの形をとって他方にいると考えなさい。

さて、次のように思いうかべてみなさい。無限の愛でもあり無限の至福でもある無限の聖なる光の中に、私たち敬虔な信者がおり、また無限の光と無限の愛と至福の具現である神がいる。ある適切な神の名（マントラ）を繰り返し唱え、その神を瞑想しなさい。

まず第一にイシュタデヴァターの至福に満ちた光り輝く神の形を瞑想しなさい。それから次に、神の無限の清らかさ、神の無限の愛、神の無限の慈悲を瞑想しなさい。最後に、言わば神がその中に没頭している神の無限の意識を瞑想しなさい。

どうなるか。人が神の名を繰り返し唱えつつ神の存在をさまざまな様相でつぎつぎに瞑想しつづけるとき、著しい変化が生じてくる。すでに述べたように、道徳的訓練によって私たちはかなりの程度に調和を確立できるが、主を瞑想することによって確立される調和ははるかに優れた種類の調和である。真の調和が私たちの心に、私たちの魂に、自然に確立してくると、私たちは私たちが宇宙的な調和に触れていると感じてくる。私たちの肉体でさえ、宇宙的な身体であるヴィラート・プルシャの一部分である。私たちの心は宇宙的な心であるヒラニヤガルバの一部分である。私たちの魂は宇宙的な霊であるイーシュワラの一部分である。霊性の修行と瞑想を実践して多くの人がこの意識の状態に到達している。私たちが正しくジャパと瞑想の方法を守るならば、私たちは間違いなくある種の神のヴィジョン、すなわちある種の神聖な経験で祝福される。それが私たちの信仰を強化し私たちの心を瞑想の道に定着させる。

私たちの心は瞑想の対象から逃げだしたいと思っている。しかし道徳的訓練の修行によって私たちはこの心の動揺を最小限におさえねばならない。そして更に私たちはジャパと瞑想を行いつつ、私たちは心にある課題を、すなわち私たちが繰り返す神の名と私たちが思いうかべる神の形という課題を与える。これらすべては心の焦点をあわせ、私たちの注意を内部に向けつづけさせるのを助ける。私たちは神を考えるに幾らかの愛情をもってしなければならない。私たちのハートの中に理想神への愛と信仰があるとき、私たちがジャパと瞑想の道に従うのは容易となる。

ジャパと瞑想の意義はここにある、すなわちそれらは心をあることに没頭させつづけるということである。それらは心を内部に向けさせつづける。神の名、神の形、神への愛に伴った思いは、心を内部に集中させつづける。私たちの関心が外部のものより瞑想の対象の方に強く向けられれば向けられるほど、瞑想の対象はますます私たちにとって真なるものとなってくる。心は少なくともしばしの間至高の霊の内に住まい、神聖な至福の形姿に住まい、その高貴な性質の内に住まう。それから次に私たちは神の臨在を感じるときが到来する。私たちは霊性の求道者たちの生涯のこの段階で多くの人が神の形姿の霊的なヴィジョンで祝福されているのを見いだす。神聖な存在はみずからをさまざまな様相で顕現する、そのとき神はグルとなる。

グルは内部に存在する

私たちの師は私たちにグルは内部に存在すると教える。霊性の生活の初期においては外部にいる師の助けをかりるかもしれないが、私たちが進歩するにつれ、真のグルは内部に存在することに気づき、内部にいる神的グルの御足のもとに身をゆだねねばならなくなる。彼は弟子を霊性の経験のより低い段階からますますより高い段階へと一歩一歩導いていく。このことが、聖者たちに、私の出会った聖者たちに起こったことである。もし私たちの心を聖者たちの音色にうまく調律する仕方を知るならば、私たちは聖者たちの経験を、聖者たちの賛歌を、聖者たちのハートの流露を、聖者たちの霊性の悟りを、聖者たちの教えを「聞く」ことができる。実際にこうしたことが起こるのである。もし私たちが霊性の道に誠実に従うならば、ある条件を実現した後に、間違いなくある霊的な成果を得る。

主への自己献身

瞑想の成果は確実に現れてくるが、私たちがジャパと瞑想をするとき、その成果をあまりに期待しすぎないようにしよう。成果はおのずとやってくるであろう。その成果をあまりに心配しすぎれば、私たちは霊性の修行を適切に行うことを忘れてしまうだろう、それゆえ、ここで最も重要な自己献身という問題が生じてくる。ヨーガの教師パタンジャリは「イーシュワラにすべてを献身してはじめてサマーディが来る[15]」と言う。至高の存在にあなた自身を完全に献身しなさい、あなたの労働とあなたの霊性の修行の成果をすべて捧げなさい。あなたの小さな意志を神の意志と結びつけることを学びなさい、そうすればそのとき奇跡が起こってくる。内部で輝いているとともに、外部のあらゆる存在者の内にも輝いている、あの真理が、あの実在が、その全き壮麗な輝きで、みずからを顕現し、それから次に魂と至高の魂との融合が起こる。スワーミー・ヴィヴェーカーナンダは私たちに宗教の定義を次のように説いた、「宗教とは永遠なる魂と永遠なる神との間の永遠の関係である[16]」と。しかしこれを悟るためには、私たちは一意専心的な信仰でさまざまな修行を実践しなければならない。

神に対する明確な態度を養い育てなさい

ここではあなたがよって立つ神への態度を決めるという非常に重要なことを問題とする。あなたはどのような態度で至高の存在に接近しなければならないかを決定しなさい。私たちの魂の根底にある唯一の魂としての至高の存在に接近する力量のある人は私たちのうちでもごく少数である。私たちは子供のようなものである。私たちはちょうど子供が父や母に依存するように、神聖な存在に依存したいと思う。私たちは友を必要とし、人生の伴侶を必要とし、私たちを愛し、私たちの愛の中心、私たちの情緒の中心とされる人を必要とする。さて、神は現に存在し、これら無数の神聖な形姿と関わり合って顕現している。これらのいずれでもよいからとりあげなさい。ヒンドゥイズムのさまざまな宗教を研究してみると、私たちは信者が神を主人として、父として、母として、ときには神の子供として、礼拝することで霊性の生活を開始しているのを知る。主を幼児クリシュナあるいは幼児ラーマとして愛したいと思っている信者たちがいる。別の信者たちはドゥルガー、カーリー、ウマー、あるいはクマリーとして神のさまざまな様相で宇宙の母を礼拝したいと思っている。これらの礼拝と瞑想のどの形式をとってもすべて、心とハートは清らかになる。すでに述べられたように、道徳の実践によって達成される清らかさだけでは充分ではない。私たちはより崇高な清らかさを、すなわち魂が身体や諸感覚や心からだけでなく、小さなエゴ（魂が克服すべき最後の束縛）からもみずからを引き離すことができるような清らかさを望んでいる。そしてこのことは私たちが前述したより崇高な礼拝あるいは瞑想の形式によってのみ可能である。

あらゆるものの内の一なる「自己」

アートマンとパラマートマンの融合は実現されねばならない。至高の教師である至高の存在がみずからの栄光を顕現するとき、信者は彼が礼拝していた神はただ内部にあるだけでなく、またすべての内に顕在していることを悟る。そのとき始めて新しい生活が、より充実した生活が始まる。バガヴァーン・シュリー・クリシュナはギーターの中で次のように言っている、「ヨーガによって心を集中し、あらゆるものを平等の目で見る人は、あらゆる存在の内に『自己』を見、『自己』の内にあらゆる存在を見る[17]」と。今や信者は内部にあるアートマンは外部にも存在することを悟り、主がすべての内に顕現しているのを見ながら、彼はあらゆるものの内の主を礼拝する。

自分自身の救済と世界の福祉のために

ここでは理解しなければならない最も重要なことが論じられる。私たちがより高い霊性の経験をするかなり以前に、まだ神の人格面のみを礼拝しているときでさえも、このより崇高な宇宙的な態度が養い育てられていなければならない。私が神を主人とし私自身を召し使いとみなして神に接近するとき、私は同時に私の同朋の存在を忘れないようにしよう。私たちすべてが至高霊の召し使いである。私たちが神を私たちの父あるいは母と見るならば、そのときは、私たちの同朋を同一の神の子供たちとみなそう。もしも私たちが大胆にも神を私たちの根底にある唯一普遍の魂とみるならば、そのときは、私たちはすべて至高霊と永遠に結びついている同朋の魂たちであり、私たちのおのおのが至高霊と結びついていることを通して私たちは互いに結びついていることを思いおこそう。そのとき私たちの生活は新しい方向に転ずる。偉大な師たちは私たちに「仕事と礼拝は手に手をとって歩まねばならない」と、また次のようにも説いた、「『自分自身の救済のためにかつまた世界の福祉のために』という理想をおまえの前に保持せよ」と。あなたはあなた自身の霊性の悟りあるいは霊性の自由を求めて努力しなければならない。同時に、すべての人の福祉を促進するように努力しなさい。大悟した魂のみがすべての人の内に神を見ることができ、彼の奉仕はおのずから自然にでてくる。しかしなおまだ無知の状態にある私たちは、私たちすべては互いに神聖な霊を通して結びついている、と努力して想像しなければならず、私たちは私たちの福祉を促進する努力をしながら、すべての人びとの福祉を促進するよう努力しなければならない。

このところで、私たちにさずけられた「仕事と礼拝は手に手をとって歩まねばならない」という教えは新しい意味を帯びてくる。私たちが瞑想において進歩し、内面的に成長するとき、私たちは家族のためばかりでなく、他の人の福祉のためにも働くべきである。このことが実践されたならば、世界にはなんという美しい秩序が生まれでることであろう。私たち一人一人が自分自身のことを考えるように他者のことを考えるならば、確かに私たちははるかにより多くの成果を得るだろう。普通は利己的な気分で、「やれやれ、私は私自身にしか関心がない」と考えている。しかし見方が広がってくると、私たちおのおのはより大きな全体のそれぞれの部分であると感じ、それから次に、すべての人とのすばらしい同族関係と親密感を得る。そしてすべての人がこの観点のもとに実生活に「仕事と礼拝」という理想を適用しようと努力するとき、私たちの生活はより甘美で実り豊かなものとなるであろう、そして霊性の目覚めは実現されたことになるであろう。

そして霊性の修行と奉仕を行いながら、利己的でないようにしよう。私たちの労働の成果をすべて至高霊に捧げよう。シュリー・ラーマクリシュナは、「私たちが神に向かって一歩進めば、神は私たちに向かって十歩進んでくださる」とおっしゃった、これは至高霊の世界で悟られる事実である。それゆえ、前進しなさい。至高霊がつねにあなたを守り導き、あなたのハートを神の神聖な臨在と清らかさと愛と至福で満たしてくださいますように。

［1］協会訳、ラーマクリシュナの福音、二〇一四年、一〇二頁、三四二頁他
［2］Sri Sarada Devi the Holy Mother (Madras: Sri Ramakrishna Math, 1958), p.520
［3］協会訳、永遠の伴侶、二〇一六年、二八五頁～二八六頁
［4］協会訳、永遠の伴侶、二〇一六年、二八六頁～二八八頁
［5］バガヴァッド・ギーター、六・三三～三六
［6］同、六・一七
［7］Shariiram aadyam khalu dharma saadhanam
［8］協会訳、ラージャ・ヨーガ、二〇一六年、一九六頁（パタンジャリ、ヨーガ・スートラ、二・三〇）
［9］同、一九六頁（パタンジャリ、ヨーガ・スートラ、二・三二）
［10］協会訳、永遠の伴侶、二〇一六年、三〇五頁

［11］カタ・ウパニシャド、一・三・三
［12］協会訳、ラージャ・ヨーガ、二〇一六年、二〇三頁（パタンジャリ、ヨーガ・スートラ、二・四六）
［13］バーダラーヤナ、ブラフマ・スートラ、四・一・七
［14］リグ・ヴェーダ、一・八九・八
［15］協会訳、ラージャ・ヨーガ、二〇一六年、二〇二頁（パタンジャリ、ヨーガ・スートラ、二・四五）
［16］The complete Works of Swami Vivekananda (Calcutta: Advaita Ashrama, 1964), Vol, III, p.4
［17］バガヴァッド・ギーター、六・二九

第二〇章　精神集中と瞑想

精神集中がすべて瞑想というわけではない

瞑想と通常の精神集中との違いを知ることが大切である。「瞑想」とはディヤーナすなわち沈思黙考ということである。それは通常の精神集中とは異なる。それは精神集中の特殊な形である。第一に、瞑想は完全に意識的な過程であり、意志的な訓練である。第二に、瞑想は、求道者は世俗的な想念を越えることができる、という信念のもとに、霊的想念に心を集中することである。第三に、瞑想は、通常、意識の特殊な中心で行われる。明らかに、真の瞑想は長期にわたる修行の後に到達される相当に進歩した状態である。それは長年の訓練の結果である。

普通瞑想と言われているものは、その名に値しないものである。心はさまざまの悪い考えや傾向で動転させられており、またさまざまの世俗的な事柄が、心が神を思うことをさまたげている。心を内に向かわせ、神に集中させよう、と繰り返し努力している、というのが、大多数の求道者の実状である。そのような状態が、通常、瞑想と呼ばれているのだ。実はそれはプラティヤーハーラ、すなわち外に向く心を内にひっこめること、である。心に同一の考えをごく短時間、つづけて深く思わせること、これがつぎの段階、ダーラナーである。外に向く傾向が制御され、心が神の思いのひとつの流れとなって流れつづけるとき、それが真の瞑想、すなわちディヤーナなのである。

世俗的な人の、彼の粗大な物質的収獲や利得や快楽への集中、科学者の、例えば原子の構造や植物の内部組織のような、彼の研究実験の対象への集中、理学者の、思考の動きや法則への集中、ヨーギーの、自我（エゴ）と非自我の分析への集中――これらはすべては客観的な観点から見れば、単に精神集中のさまざまな形の違いである。しかし主観的な立場から考えるとその内容は大さく異なり、それらは全く違った経験と結果を生む。霊性の求道者の精神集中のみ――彼がいかなる道をとるにせよ――ディヤーナすなわち瞑想、精神集中と呼ばれるのである。

ヨーガによる真理の探究者は、通常考えられているように神への信仰はもっていないから、時間と空間に結びついた粗大な要素の瞑想から始め、それから時間と空間の限定を越えた要素を取り上げるであろう。彼はつぎに、集中と瞑想の対象として、最初は時間と空間のうちにある、そして後にはそれをこえた、精妙な要素をとり上げるであろう。さらに進むと、彼はまず初めに心すなわち「内なる器官」を、そして後にはエゴそれ自身を、精神集中と瞑想の対象にするであろう。そしてこれらの対象の真の性質を知って、自らをこれらの限界のある付属物と同一視することを止め、彼の真の自己に近づいて、至福と悟りのすばらしい境地を楽しむのである。

神の存在を信じる、ヴェーダーンタの信奉者は、初期段階では、ある神聖な人格の姿（神像や画像）、または最初は時間空間の枠内の、やがてはそれらを越えた神の象徴的な表現を、瞑想するであろう。さらに進歩して、彼は聖なる人格のハート、すなわち、神の心を瞑想し、次第にそれが持つもろもろの高貴な性質を摂取するであろう。やがて、彼は個別のであれ宇宙のであれ、純粋な意識に向かって進み、それによって彼の不純かつ有限な意識を浄化し拡大し、彼自身の内なる無限の存在と交流することに成功し、ついには、瞑想する者が、塩の人形が海に入ったときのように絶対の神の原理に融合してしまう、最も崇高な神の悟りの状態にまで進むであろう。このように、個別の意識と結びついたさまざまの形の心の集中と瞑想にはじまって、彼は最高の超意識に到達するであろう。それはすべての主客関係、いや、すべての相対性が乗りこえられた絶対実在、唯一不可分の原理である。

精神集中それ自体は、霊的にはいかなる価値を持つものでもなかろう。すでに述べたように、それを修行する人がまだある程度の心の浄化をなしとげてもいず、同時に更なる浄化と昇華の努力を続けてもいない場合には、それはかえって危険であろう。集中と瞑想は、心が、相つぐ悪い思いや悪い行為によって積もるに任せられてきたかすから、汚れから、悪い印象や傾向から、浄められた程度に比例して、霊的に効果あるものとなる。求道者は、強い離欲と心の清らかさを得てはじめて、より高い形の集中と瞑想を取り上げてそれに成功し、ついには最も崇高な神の経験と自由に到達することができるのである。

普通の人なら誰でも、心を集中する能力は持っている。ただそれが通常は、世間が彼に提供する利得や快楽の対象や人物に向けられているのだ。霊性の生活をするために、突然に新しい能力を創造する必要は全くない。すでに持っている能力と傾向を、その強さを減らさないで神の方に向ければよい、そうすれば、世俗的な人が霊性の人に変容するのだ。それだから、真の信者たちはつぎのように祈る、「主よ、無知な人が世俗的な事柄に対して抱いているような強い愛をもって、私がおんみを思うことかできますように、そしてその愛が私の内に住み続け決して消え去ることがありませんように［1］」

訓練が必要である

私たちの心は常に、私たちを欺き裏切ろうと躍起になっている。それゆえ、私たちは自分が行うあらゆることにおいて、日々厳格な訓練を必要とする。必要な心の訓練はどうすればよいのか。瞑想の生活の中心問題はこれである。さまざまの思いがたえず心に浮かびつづける。それをしずめたいと思うと、心の乱れは最大となる。私たちが集中しようとするや否や、心はそれに反抗してくるのだ。それはたちまち、私たちを水死させる恐れもある、強大な大海の姿をとる。心の表面全体が、さまざまの思いの波にみたされ、私たちがそれを静めようとすればするほど、波はますます高くなる。それだから、瞑想は最初は、本来そうあるはずの、心をなだめ慰め、光明をもたらすものではなく、むしろ私たちを極度に疲れさせるものである。

馬をならすのに非常な苦労と努力をしなければならない調教師の場合とおなじく、私たちは心をならすために、非常に根気よく粘り強く、ある確かと決められた訓練法を守らねばならない。霊性の修行をする場合には、何事にも決然とした態度で向かわなければならない。二隻の舟に片足ずつ置くようなことをしてはならない。いつかは必ず目的に到達したい、と思うなら、迷うことなく、断固として一歩一歩、一すじの道を歩むことを学ぶべきである。

肉欲、もろもろの欲望は通常、真の宗教にとって障害となる。あなたが日常生活の中で目にするまがいもの、つまり、拝むところに行って拝み、説法をきいてそのあとは好きなことをする、というのは真の宗教ではない。このようなのは、教会の収益をあげることには大きく役立ったかもしれないが、キリストの教えに従うことではない。すべての霊性の修行には、適切な訓練が不可欠であり、霊性の修行をぬきにしては、真の宗教と呼べるものはあり得ないのだ。初期のキリスト教信者たちは、このことを正しく理解していた。中世の偉大な神秘家たちの多くも、同様であった。しかし今日の西洋では、その伝統が完全に失われてしまったようにみえる。それだから、西洋はけもののレベルに沈みつつあるのだ。

すでにのべたように心は調教されねばならない暴れ馬によく似ている。私たちが馬に乗ろうとすると、馬はつぎの態度のどちらかをとる、激しく抵抗するか、ただすわり込んで動かないか、である。馬はじっと落ち着いていようとはしない。私たちの心という、この馬をならすには、ある程度の倫理的教養が必要である。性欲や金銭欲の思いの支配を許すかぎり、心は決して調教されることはない。

心の浄化の必要

心を清らかにすることなく瞑想をしようとすれば、神よりも、心の不純物に心を集中しがちとなる。求道者がより高い思いを長時間思いつづけるようになるためには、より高い中心の扉が開かなければならない。祈りや良い行いをすることの重要さはこの点にある。

初心者には、瞑想だけをおこなう修行法は固く禁じられるべきである。私たちの僧団では、決してこれを許さない。あなたが自分のさまざまの思いを完全に制御することができない間は、霊的生活の初期においてあまりに多く瞑想することはあなたにとって危険である。ひとりですわり、心を静めようとすると、禁じられた不純な思いが心中に浮かびはじめて混乱を引き起こす。これらは、あなたを圧倒してしまうことさえある。初期の段階では、瞑想に割り当てる時間は短くするのがよい。残りの時間は、仕事、奉仕、または勉学に有効に費やされるべきである。

これが、キリスト教の修道院制度が初期のキリスト教修道士の生き方から学んだことであった。それ以来、カトリック教会が沈思黙考と有益な仕事とをあわせ行うように主張しているのは、賢明なことである。

感情と欲望のある程度の昇華と浄化ができていなければ、より高い生活にふさわしい心構えができていない人びとの場合、精神集中を行うことは非常に危険である。それは非常によくない結果に至るかもしれない。ある意味では、私たちはみな、心を集中している、ところがそのあやり方を知らない。この集中された心は、集中されたためにもっと強くなって、感覚的な快楽やあらゆる種類の世俗的な気ばらしや対象物を追い求めるであろう。それゆえ、もし私たちがそれの正しい扱い方を知らなければ、それは私たちを堕落させるかもしれない。もし同時に昇華と浄化ができているのでなかったら、その人は心を集中しないほうがずっとよい。それだから、思いと言葉と行為における、清らかさ、非殺生、誠実、禁欲等の必要性が特に強調されなければならないのである。あらゆる欲望や感情を昇華することなしには、私たちは霊性の道において進歩することはできない。集中と瞑想に努力しなければならないのは、私たちが倫理道徳のきびしいおきてを守るようになった後のことである。集中された心は、もしそれが浄化されていなければ、まさに悪魔となり、その求道者に際限のない不幸をもたらすことになる。

身体の清らかさばかりでなく、心の清らかさが絶対に必要である。ときどき私たちは、誤って身体の清らかさだけを強調する。真の心の清らかさを保つことがそれよりはるかに難しいからである。沐浴することで満足し、清らかな心を持とうという努力をしない人が多い。しかしながら、汚れた心を高いものに集中することは不可能である。男の内に女性についての不純な思いがあり、女の内に男性についての不純な思いがある間は、どちらにとっても真の高い精神集中などは問題外である。そこには粗大な肉体関係はないかもしれないが、それでも、それが性欲であることに違いはない。そこになんらかの形の性欲がある間は、清らかさはまだ実現されておらず、清らかさがなければ、高い霊的生活は別の世界のことである。

姿勢

つぎに大切なのは安定した姿勢（アーサナ）であり、それは通常、すわった姿勢である。パタンジャリは、安定した快適な姿勢なら、いかなる姿勢でもよいと教えている[2]。たしかに、すわった姿勢はその姿勢で体重が完全にバランスよく保たれるから、非常に有効である。しかしそれはらくに感じられなければならない。そうでないと、それは修行をしようとする人の心を乱すことになるだろう。インド人にとっては、それはごく自然な姿勢であるが、西洋人の多くにとっては、かなりの実践を必要とし、ある人にとっては不可能なことかもしれない。いずれにせよ、できる人にとっては、すわった姿勢が霊性の修行にとって最良のものである。

規則正しい呼吸

規則正しい律動的な呼吸法が非常に助けになる、と感じる人たちがいる。心と呼吸は常に相関しており、常に互いに作用しあっている。プラーナーヤーマを行うときには、吸気、保気、呼気の割合は、一対四対二でなければならない。しかしあまりに多忙な人びと、または節度のない人びとの場合には、プラーナーヤーマを行うことは勧められない。しかし簡単な規則正しい呼吸を行うことは、すべての人にとって有益である。しかしながら、呼吸を止めて保持するだけでは十分ではない。もしそうであるなら、サッカーボールの空気袋が、世界一偉大なヨーギーである、ということになるだろう。私たちは、律動的な呼吸をするとともに、清らかさを真剣に思い描かなければならない。「あらゆることが清らかである。私自身は清らかである。私自身は清らかさの権化である」と、強力な暗示をあなたの心に与えなさい。一呼吸ごとに、そのように感じるようにしなさい、そうすればあなたの心と体はしだいに清らかになっていく。清らかさを吸いこみ、清らかさを吐き出し、清らかさであなたを満たしなさい。穏やかさを吸いこみ、穏やかさを吐き出し穏やかさであなた自身全体を満たしなさい。あるいは平和を吸い込み、精神的な混乱をすべて吐き出しなさい。離欲と放棄を吸い込み、あなたの体と心の内の不純なものすべてを吐き出しなさい。力を吸いこみ、弱さと恐れをすべて吐き出しなさい。真の瞑想に入る前に、あなたの心にこのような強い暗示を繰り返し与えつづけなさい。

瞑想の内容

空虚を瞑想の焦点にしてはならない。初心者は自分の内に空虚をつくろうとしてはならない。そのようなことをすれば、おもわず居眠りをしてしまうか、その空虚が不純な思いで満たされるか、どちらかになる。瞑想の内容は明確で実質のある、霊的なものでなければならない。「形なきもの」を瞑想することはあまりに抽象的である、と気づいた人は、ある神聖な姿に感情を集中させるべきである。これはつぎの二つの点で非常に有効である。それは、人のエゴからその人を引き離し、その人の感情を昇華させるからである。もし、あなたが愛するか憎むかしている人物の姿があなたを悩ますならば、それに対抗して、あなたの理想神（イシュタ）として選んだ神聖な姿を、はっきりと掲げなさい。あなたがその記憶のために悩んでいるその人物にいだいている感情に対抗して、イシュタへの感情をそこにお据えなさい。世俗的な心象と感情は、神の姿と彼への感情によって相殺されるにちがいない。これができる人は、霊性の生活において、大きな困難に出会うこともなく、速やかに進歩する。イシュタデヴァターに強い愛と魅力を感じている人にとっては、瞑想は容易であろう。

倫理的な教養がなければ、私たちは決して、神との親密な交流ができるようにはならない。もし自分の内部に完全な空虚をつくり出した後に、正しい考えを持つことができるなら、結構である。そうであれば、この種の修行法は非常に有益であろう。しかし、初心者にとってはそれは非常に危険である。なぜなら、彼は空虚をつくり出した後に、そこに正しい考えを持つことはできず、ただ眠り込んでしまうか、または無意識的な心に支配されてしまうかである。初心者の場合、心が意識の限界値以下に降下するという大きな危険が常にある。

階段の最上階から霊性の生活を始めたい、と思う人が多いが、それは不可能である。霊性の生活には走り幅跳びのような跳躍はないし、自分は実はどの辺に立っているのか、ということを最初に知るのでなければ、何事を成就することもできない。高尚な哲学上の飛しょうやすばらしい形而上学《けいじじょうがく》的な夢は、悟りではない、そしてそれだけでは決して悟りに至ることはなく、真のあるいは実際の生活とは何の関係もない抽象的な最高級の思弁に導かれるだけである。それらは、それらにふける人の生き方に全く何の影響も与えはしない。私たちは自分が立っている場を知り、つぎに、そこから出発すべきである。私たちは、初心者として始め、一歩一歩歩んでいかなければならない。一つの理想としては、私たちにとって一元論は結構であろう。しかし現実的な視点に立ちもどるとき、私たちは二元論者であり、これから先も長く、二元論者でありつづけるであろう。誰かが難しい用語で絶対者や根本原理等について語っているのを聞くとき、私はいつも笑いたくなる。こういう場合の大方は、空虚な思弁と実質のない言葉以外のなにものでもないのだから。こうしたことからもわかるように一元論的な方法が最適であると思われる特殊な人はひとりとしていないのである。実際の生活において二元論の立場にある人は、一元論が好きであろうとなかろうと、一人として一元論者ではない。

しばしば現代人の心は、厳格な型にはまった瞑想という考えに反感を持つ。現代人の心はつぎのように考える、「どうして私たちはそのようなことに励まなければならないのか。私たちはこの世の中に十分すぎるほどのつらい仕事をもっているではないか。それなのにどうして、面白くもないそのような修行をしなければならないのか。私たちは絶対者を欲する。ジャパや、神の性質とか神の形が何の役に立つのか。私たちは絶対者に到達しよう。『精霊と真理における神』を礼拝しよう」と。確かにこうしたことは非常に立派で、霊的であるように聞こえる。しかし、実際の生活に立ちもどるやいなや、私たちは、このような考え方は全く何の成果を生むものでもないことに気づくのだ。そのように言う人のほとんどが、日常の行動に関する限り、こり固まった二元論者なのである。「精霊と真理において」神を礼拝する、ということは理想としては間違っていない。しかし何人の人がほんとうにそれを行っているか――それが問題である。多くの人にとって、それはある意味では精霊すなわち真理とは全く何の関係も無い、あいまいな感情と、あいまいな思いと行為にすぎない。

意識の中心

つぎは何か。姿勢と規則正しい呼吸のつぎに、神の思いが取り上げられねばならない。どこに神を思うべきか。どこに自分の意識の中心を置くべきか。頭かハート〔二〕である。この二つの中心は、誰にとっても安全である。決して、ハートより下に中心を選んではならない。このことについては、指示は個別にしか授けることはできない。人それぞれによってちがうのだから。しかし頭とハートは両方とも常に安全である。神経の流れを意識的に、少なくとも肉体のハートにほぼ一致するレベルにまで、上昇させるのでなければ、霊的瞑想は不可能である。この神経の流れを意識的に上昇させることによって、人はあらゆる感覚的誘惑を超越し、道徳的倫理的教養を確立して、そこに定住することができるのだ。大多数の人は、ハートで瞑想することが望ましい。非常に感情的な人にとっては、ハート中心は適さず、避けた方がよいかもしれない。そのような人は頭に集中する方がよい。そういう人は後になって、超意識の入り口であるハートのレベルに来るであろう。

意識の中心としてのハート

私たちは、「ハート」という言葉を非常に自由に使っている。しかし、実はその言葉で何を意味しているのだろうか。あの生理学上のハート——収縮と拡張を交互に繰り返すことによって体の中の血液を循環させている中空の筋肉器官——を意味しているのか。あるときスワーミー・ブラフマーナンダにひとりの弟子が次のように尋ねた、「師よ、私はどの中心で瞑想すべきでしょうか。それはハートでしょうか、それとも頭の中心でしょうか」と。スワーミー・ブラフマーナンダは次のように答えられた、「わが子よ、瞑想は、おまえの好きないかなる中心で行ってもよい。しかし最初はハートで瞑想するようにすすめる。ハートの蓮華《れんげ》の中におまえのイシュタデヴァターを瞑想しなさい」と。そのとき弟子はまた次のように尋ねた、「しかしマハラージ、心臓《ハート》は肉と血液からできています。私はそこでどのように神を思ったらよいのでしょうか」と。それに対してスワーミー・ブラフマーナンダは次のように答えられた、「ハートと言っても、私は解剖学上の心臓《ハート》のことを言っているのではないよ。心臓《ハート》の近くにある霊性の中心を思うのだ。最初は、肉体の中に神を思うというと肉や血を考えるだろう。しかし、じきに肉体は忘れ、そこにはイシュタの至福にみちたお姿だけが残るであろう〔3〕」と。

私たちは、自分の感情をあらわすためにハートの辺りをさすことがある。「私のハートの底から」などという。それは情緒的な「ハート」と名付けられよう。

そのような身体のハートと情緒的なハートとは別に、霊性のハートあるいはハート中心、すなわちアナーハタ・チャクラと呼ばれる、もう一つのハートがある。それはしばしば、蓮華として、ハートの蓮華として描かれる。それはより高い霊性の意識、直観の座である。

人間の体というこの霊妙な存在には、さまざまのチャクラ、すなわち意識の中心がある。各々のチャクラは、人の肉体と心と霊性という三つの体の接触点である。最も低い三つのチャクラは、排泄《はいせつ》器官、生殖器官、およびへその領域に位置している。これらは人間の低次な生活、動物的な生活、感覚的な生活と結びついている。ハートの領域にある中心は四番目のチャクラであり、アナーハタ・チャクラと呼ばれている。それは低い三つの中心と高い三つの中心の中間にある。ハートと三つの高い中心は人間の霊的生活と結びついている。この三つの高い中心は、それぞれ、喉頭の領域、眉の間の領域、および頭部、にある。これらの中心を生理学的なものと考えてはならない。これらはすべて、霊性の意識のさまざまの段階への入り口のようなものである。

タントラの教師たちによると、もともとはサハスラーラ、すなわち頭の中心にいたクンダリニー(人に潜在する霊性の力――純粋意識と呼んでもよい)が、スシュムナーと名づけられる霊性の通路を降下し、さまざまの意識の中心を通過して、脊椎の基部に到達した。そこで、それは自分を忘れてしまった。そしてそれは無知の勢力下に入り、さまざまの願望と情欲に支配されるようになった。それは帰る道を忘れてしまった。霊性の生活の課題は、私たちの真の性質を思い出し、低い中心から高い中心へと自分の意識を上昇させることである。ハートは低い中心と高い中心との中間にあるのだから、これを優先させるべきである。ここで瞑想を行うことは私たちにとってたやすいのである。

ハートの中心が重要である

また、ハートの中心が重要であるのは、そこが、私たちの魂の「魂」として私たちの内部に宿る至高霊の光を、あなたが最初に感じる場所だからである。そこは人格神のための特別の座である。神の信者にとって、ハートの中心は本質的に、瞑想するための最適な場所なのである。シュリー・ラーマクリシュナは常につぎのように語られた。

それを通して神がお遊びになるような魂は、「彼」の特別の力を授けられている。地主は彼の領地のどこにいてもよいのだが、普通は、ある特定の客間に見いだされるだろう。信者は神の客間だ。神は「彼」の信者のハートの中で遊ぶことを好まれる。「彼」の特別の力が現れるのはそこだ[4]。

知性的な人は頭の中心で精神集中する方がやさしいと考える。しかしそのような人も、ハートの中心からはじめる方がよいのである。主としてギャーナの知識を与えるウパニシャドのいたるところに、意識の主な中心はハートである、と断言されているのが見られる。

あらゆるものに浸透しており、あらゆることを知っており、この宇宙にその栄光を映している至高霊は、ブラフマンの都の、光り輝く空間にすわっている。「彼」は心とプラーナを導く。そしてハートの中にいる。そこで「彼」を悟ることによって、大悟した魂は不死と最高の至福を得る〔5〕。

私たちの霊性の師たちによれば、ハートはパラマートマンの特別の座であるところの神聖な中心である。そこに、「彼」は私たちの魂の「魂」として宿っているのである。非常に感情に動かされやすい人は、ある期間、眉と眉の間の空間、すなわち頭脳の中心で瞑想を行うもよかろう――その感情がもっと低い中心に落ちることを防ぐためである。しかし霊性の経験はハートの中心からはじまるのである。

ハートにつながる意識の段階は、信者が神の人格面のもろもろのヴィジョンで祝福される段階である。彼は「内なる光」と、イシュタデヴァターすなわち彼の理想神の姿形とを見る。そのようなヴィジョンと同時に信者は必ず、自分は肉体からは分離している魂である、という確信を得る。信者はそのとき、「私は、純粋な心の体と純粋な肉体とをまとっている魂である。至高霊もまた、私を祝福するために、至福にみちた姿形をとられたのだ」と悟るのである。

信者がハートの中心に入るのに成功すると、彼の肉体意識は忘れられ、少なくともしばらくの間は、彼は光り輝く、至福に満ちた神の臨在を意識しつづける。このようなことが起こるのは、彼が、霊性の修行の結果として、ハートの中心の意義を理解できる精妙な感覚を開発できたときである。そのとき彼は、ハートの中心で瞑想する意義ばかりでなく、神の臨在ということのほんとうの意味をも理解する。

ハートの中心はどこにあるのか

霊性の意識が目覚めるとき、私たちは永遠の魂と永遠の神との間の永遠の関係を感じる。しかしどこに、みずから辛抱づよく、このようなことすべてを実験する人びとがいるのだろう。彼らはただ、やって来て質問するだけである。しばしば、私が信者たちにハートの中心の意義を説明し、少しばかり実践をするよう頼んでも、彼らはそれを実行することもせず、後にまたやって来て、「さて、ハートの中心はどこにあるのですか。右の方ですか、左の方ですか」などときく。これは自分で発見しなければならないものなのだ。それはあなたのハートであって、私のではないのだから。あなたみずからがそれを見いださなければならない。ここにこの永遠の問いがあるのだ。霊性の求道者の真の課題は、この精妙な内なる感覚を開発することである。清らかさと純潔と、そして霊性への強い渇望がなければ、ハートの中心は閉ざされたまま、見いだされないままである。

ここで、私はある逸話を思い出す。中国において、あるアメリカ人の医者と中国人の医者の間で大論争があった。アメリカ人の医者は、「私の国の生理学者たちによれば、ハートは左側にある」といった。中国人の医者は「私の国の書物によれば、ハートは右側にある」といった。そして初めは単なる討論であったものが、次第にすさまじい言い争いにまで発展した。双方とも、相手方を自らの論理で屈服させようとした。そのとき、ひとりの年老いた、賢い中国人が現れた。老人は、「若者たちよ、一体どうしたというのだ。なぜそのように言い争っているのか」と尋ねた。二人の医者はそのわけを話した。すると老人はほほ笑み、そしてこう言った、「若者たちよ、ハートが右側にあろうと左側にあろうと、そんなことはどうでもよいではないか。ハートはハートのあるべき場所に、あらせておきなさい」と。そのように、私たちはハートの正しい場所を見いださなければならないのだ、生理学上のハートを忘れ、すべての学説を忘れて。

霊的な人たちの多くは、ハートは右側にも左側にもなく、胸の中央付近、私たちが通常、快不快という情緒反応を感じる場所にある、という。しかし誰も、生理学上のハートをさしているのではない。彼らは、体の中央に彼らがアーカーシャすなわち空間と呼んでいるもの――エーテルとも呼ばれている――が存在する領域がある、と言っている。瞑想はこのアーカーシャ、ハートの内に存在し、ハートを満たすと同時にハートを超越しているアーカーシャ、の中で行われるべきものなのである。

今度は、私たちがハートと呼んでいる霊性の中心の、意味を理解するよう、努力なさい。そこに少しばかりの意識を感じるよう努め、つぎに、多少の推理の助けを得て、「ここに感じられる少しばかりの意識は、身体全体に浸透している意識である」とお考えなさい。そうではないですか。どこであれ、身体の一部にふれるとする。そこが麻痺《まひ》していない限り、そこに感覚を感じることができるでしょう。同様に、この意識は、私たちの心の体全体に浸透しているのである。心は物質、精妙な物質である。それが活動できるのは、意識に接触しているからである。骨と肉という全くの物質からなるこの体は、霊に接触しているから、生きているように見えるのである。

ハートの内における魂と神との交流

古代のリシはつぎのように宣言した。

身体の中央に、清らかな、精妙な、蓮華の形をした座がある。この座の中に、悲しみを知らぬ、精妙なアーカーシャが存在する。瞑想はこの空間で行われるべきである[6]。

あなたがハートと呼んでいるものの内に、アーカーシャすなわち空間を考えなさい。ここにある空間は、私たちの肉体と心の体に浸透している空間の、一部である。それは私たちのアートマンすなわち真の自己の座であり、そしてまた、一切所をみたす空間、パラマートマンすなわちナーラーヤナの一部でもある。

アーカーシャという言葉は、深い意味を持っている。この部屋の内部の空間は、限られているように見える。しかしほんとうに限定されているのであろうか。いや、そうではない。部屋の内部の空間は部屋の外部の空間から切り離され得るものではなく、間の壁はただそれを区切っているかのように見えているだけである。ハートによって区切られているように見える霊性の場合も、それと同じである。限定されているように見えるものは、無限なるものから切り離すことのできないものである。それが、ウパニシャドの教師がブリハッダーランニャカ・ウパニシャドの中の「アンタリヤーミー・ブラーフマナ」という章節で次のように説いていることなのである。「無限霊は、大地にも、水の中にも、火の中にも、大空にも、空気中にも、天上にも、太陽にも、月にも、もろもろの星にも宿っている。『彼』はまた、目の中にも、心の中にも、知性にも、宿っており、あらゆるものに浸透している。彼は内なる支配者であり、あなた自身の不滅の、『自己』である[7]」しかし、求道者は瞑想によって、これらすべてを実際に悟らなければならない。アートマンについて語るだけでは不充分である。人は「それ」を感じ、「それ」を探求し、最終的には「それ」を経験しなければならない。

ヴェーダーンタの考え方によれば、個人と普遍者は不可分のものである。私たちが身体を持ち、そのハートの中にこのアーカーシャが存在するように、宇宙のハートの中にもアーカーシャが存在すると言ってもよい。同一のアーカーシャが、私たちの心の体にも、宇宙の体にも浸透しているのである。同一の霊が私たち各々の魂にも、宇宙霊にも浸透しているのである。「彼」はあらゆる名と形を超越した唯一者であり個体として、また宇宙的なものとして、彼自身、「彼自身」を顕現しているのである。

「ダフラム・ヴィパーパム」で始まる原文にはさまざまの解釈がある。しかし私たちは哲学的な論争は傍らにおき、これを「個々の魂はハートの内なるアーカーシャに宿り、至高霊は、すべての魂の「魂」として、個々の魂の中に宿る」と解するのが、無難であろう。私たちの師たちはみな、「私たちの個々の意識は宇宙意識の一部である」と教えている。個体は単独に存在できるものではない。海水の中の泡が大海なしに存在できるものだろうか。細い一条の光線が、無限の光なくして存在できるものだろうか。ハートの中の空間が無限の空間なくして存在できるものだろうか。いや、個体と普遍的存在とは、不可分のものである。私たちは、ハートの中心における個人と宇宙的存在との永遠の接触を、悟らなければならない。

ハートの中心を深く思い、それが神意識の中心であることを思い描きなさい。あなたの内なる神意識は、あなたの外にも存在する。それは分かれてもいないし分けることも不可能な無限の意識の、重要部分なのである、とお考えなさい。

最初は、この意識を光と考えてもよい。しかしほんとうは、それは知恵の光、すなわち神の光である。私たちの内部にあるこの神の光は、同時に宇宙全体に浸透しており、一つであって永遠に不可分のものである。私たちのこの身体は、ブラフマンの神殿のようなものである。常に思い起こせ、各自の身体はブラフマンの神殿である！

これらすべてを実行したのち、海にとけ込む塩人形の場合のように、あなたの意識を神意識にとけ込ませるよう、努力なさい。シュリー・ラーマクリシュナの塩人形[8]のたとえ話はあなたも知っておられるだろう。私たちの肉体意識は道の邪魔をする。そしてそれを神意識の中にとけ込ませようと努力するやいなや、私たちは、魂は肉体ではない、と考えることができるようになる。最初は、これらはすべて単なる想像である、しかし覚えていよ、それは実在の想像であって、むなしい想像ではない。真剣に実践をつづけるなら、私たちはいつか、長い間想像しつづけていた実在を悟るのである。

さて、これまで論じてきたことを要約しよう。ディヤーナ（瞑想）は、ただの精神集中ではない。それは霊性の修行と、その人の徳の高さの結果生まれる、特殊な精神集中である。瞑想の内容は霊性に関するものでなければならない。それは意識の特別な中心で行われるものである。すべての初心者にとって、ハートが最適な中心である。最後には、瞑想は魂の神との合一である。

［1］ヴィシュヌ・プラーナ、一・二〇・一七
［2］協会訳、ラージャ・ヨーガ、二〇三頁（パタンジャリ、ヨーガ・スートラ、二・四六）
［3］協会訳、永遠の伴侶、二〇一六年、二九六〜二九七頁
［4］協会訳、ラーマクリシュナの福音、二〇一四年、二八五頁

［5］ムンダカ・ウパニシャド、二・二・七〜八
［6］マハーナーラーヤナ・ウパニシャド、一二・一六
［7］ブリハッダーランニャカ・ウパニシャド、三・七・三〜二三
［8］協会訳、ラーマクリシュナの福音、二〇一四年、三三頁他
［一］物質的な心臓のハートではなく、感じる心としてのハート

第二一章　瞑想の生活のためのヒント

瞑想に休息を見いだしなさい

「ああ、私の心はあまりにも落ち着きがなさすぎる。私には瞑想など不可能なのだ」とは決して考えてはならない。あなたの心がそれほどに落ち着きがないからこそ、それだけますますあなたは瞑想をしなければならないのである。完全に平静な心であれば、それほど瞑想を必要としない。

ある人たちは、何もしないでただだらだらとすごすことで休息しようとするが、実際にはその時でも心は活動しつづけ、さまざまな無益な事柄を思い描いているのである。休息とくつろぎと平安を得る最善の方法は正しく瞑想することである。さまざまな気晴らしや好ましくない娯楽で、くつろぎを得ることができると考えている人は多いが、心を落ち着かせ、さわやかにするもっとも理にかなった方法は、瞑想とジャパである。瞑想とジャパを通して、ごく自然に心はあらゆるエネルギーの源である「自己」に向かって絶え間なく流れ行くとともに、心と体はこのエネルギーで満たされる。忍耐力や活動能力や沈着冷静さはすべて聖なる神から来るものなのである。そして瞑想はこの源を直接に開発する方法なのである。

あなたが、あまりに心乱れ、あるいは疲れきって瞑想ができない時でも、ほんの数分間座って、次のように熱心に神に祈ることはできるであろう。「神なるおんみは清らかさそのもの、私を清らかさで満たしたまえ。神なるおんみはエネルギーそのもの、私をエネルギーで満たしたまえ。神なるおんみは強さそのもの、私を強さで満たしたまえ〔1〕」と。この種の祈りは心を落ち着かせる。落ち着き、平静さといった真の人間の能力を発揮する秘訣《ひけつ》はすべて私たちの内部にあるのである。それなのにそれを人びとは外部に探し求めている。

一日中重労働をした夜は眠気が強く瞑想できないのは当然だが、その時は短時間、主のことを思いながら神の御名を唱えて、それから後に眠りにつけば、翌朝、心も体もさわやかになって目覚めるだろう。短時間の昼寝はしばしばあらゆる種類の疲れをとりのぞいてくれる。それだからと言って、それを瞑想中に居眠りすることの口実としてはならない。瞑想はよく睡眠をとって眠気を除いてから整然としておこなわれるべきである。

あなたの心の内部に孤独を求めなさい

霊性の生活を始めたばかりであれば、瞑想をする時は、独りになれる場所で静かに座るべきである。しかし森や洞窟で座ったからと言って、孤独を楽しむことができるというものではない。孤独な外部環境があなたの瞑想の助けとなるのは、あなたの心の内部も平静でありつづけることができる場合だけである。心が沈黙しなければ真の沈黙とはいえない。真の沈黙とは、心を静め、あらゆる好ましからざる思いから心を解き放つことである。まずはじめに神のことを思いなさい、そして次にその神の思いと直接結びつかないあらゆるその他の思いを排除しなさい。「単に外部環境的に孤独になったからといって、人は世俗を忘れることができるわけではない。世俗を忘れさせる孤独が真の孤独なのであり、また真の自己とブラフマンの融合がおこるような孤独が真の孤独なのである」あなたは、瞑想のために座ったなら、あなたの心の中のあらゆる世俗的な考えを忘れさり、主だけを思いなさい。

一定の日課を守りなさい

霊性の生活では、あらゆることを明確な規則正しさで行わねばならない。求道者がまず第一にしなければならないのは、一定の日課をつくり、最善をつくしてそれを守ることである。あまりに厳格に型にはまった生活は、人生を機械的なものにすると考える人もいるが、それは間違っている。特に初心者は、一定の日課を守らなければ成功はしない。気まぐれな心を訓練するにはこの方法しかないのだ。私たちは一日の生活の計画を立て、私たちの毎日の職務をどのように果たすべきか、また余暇はどのようにすごすべきか、どのような考えをすべきかなどの計画を立てるのがよい。霊性の求道者は、自覚的で、油断なく気を配った生活をしなければならない。無意識的な考えや行動をできるだけ少なくし、ますます油断なく目覚めているようになりなさい。

習慣は作られ、次第に強化されるものである。霊性の生活が習慣となってしまえば、それは始めの頃必要だった緊張努力を要せずよりたやすくなる。あなたが決めた日課を厳格に守り通しなさい。そうする時、心が非常に落ち着きを失っている時でも瞑想は可能となる。あなたの霊性の修行時間に関しては完全な規則正しさがなければならない、そうすることによってしか、心は瞑想を習慣にすることができないのだから。そしていかなる事情にあっても、最小限の時間を毎日の瞑想とジャパのために確保しなければならない。あなたは朝、決められた最小限のジャパを終えるまでは決して朝食をとってはならない。霊性の修行時間は、初心者の場合、ゆっくりと着実に少しずつ増やすようにすべきである。進歩した求道者の場合は、外見上彼が何か他のことをしていても、彼の心の深層には敬虔な信仰が流れており、彼の心の一部はいかなる時でも敬虔な信仰の実践に従事しつづけることができるであろう。そのような状態に到達するまでは、求道者は皆、霊性の修行のための時間と方法に関して、できるだけ規則正しく厳格に守るべきである。

私たちの感受性はまだ十分な繊細さを得ていない。私たちは私たち自身の行動の真意をまだはっきりとは認識できていない。私たちの心は時々私たちの行動や考えに非常にもっともらしい弁解口実を見いだし自らを欺いていることがよくある。霊性の修行の奮闘努力にあなたの心が不平を言う時、自分の心に言ってやりなさい、「心よ、この修行でお前がおかしくなるかどうかみてみようじゃないか」と。私たちがより崇高な生活をしようとするならば、私たちはこうした奮闘努力で死ぬことさえ気にかけてはならない。いずれにしても心は長い間反抗し不平を言いつづけるであろう。心は次のように言うだろう。「おい、お前、今日はお前はほとんど睡眠をとっていないぞ。それはお前の頭によくない。お前は頭をおかしくしてしまわないように注意しなければならない。一日か二日、お前の霊性の修行を止める必要がある」と。そのような場合あなたは自らの心をけとばし激しく叱りつけて、自らのこの悪い心に非常に厳しくしなさい。馬が動こうとしない時、騎手が馬にむち打ち叱りつけるように、あなたはあなたの反抗する心にむち打たねばならない。

私たちは私たちの日課である霊性の修行の時間をなんとか見いだす覚悟をしなければ、決して進歩できない。多くの人はこの事実にまったく気づいていないように思われる。私たちは、無益な考え、うわさ話、無目的な活動やあてのないさまよいなどで、時間を不必要に浪費することを最小限にするように努力しなければならない。そうすれば、私たちは霊性の修行のためにあり余る時間を得ることができるであろう。毎日不規則に成り行きまかせに数分間瞑想したとしても、何事も成就しない。時間をできるだけ大事に節約し、不必要な仕事に多量の肉体的エネルギーを決して浪費してはならない。昨今、肉体的なエネルギーがあまりにも無益に浪費され、精神的な落ち着きがあまりにも失われてしまっている。いたるところに、精神的動揺の渦巻きがある。あなたが霊性の修行を真剣に行うための正しい気分を得たいと思うならば、その渦巻きから脱け出しなさい。

あなたの瞑想の質を改善しなさい

あなたの瞑想を強化する方法を学びなさい。量よりも質に注意を向けなさい。非常に多忙な人にはこれ以外の方法はない。あなたが瞑想のために別にとっておいた時間は有効適切に使われねばならない。あなたの集中力を増強しなさい。同じようにあなたの聖典研究の質も強化しなければならない。あなたは本を読む時、はっきりとした目的と集中力をもって本を読みなさい。

瞑想中に心がぼんやりしているのは、まったくの時間の浪費であるばかりでなく、霊性への熱意が欠けている証拠である。多くの人は瞑想という名のもとに、世俗的な事柄を考えつづけている。あなたの心が非常にタマス的に沈滞しあるいはラジャス的に落ち着かなくなっているのに気づいたら、瞑想を中止し席をたち、信仰をたかめる数章節を読み、適切な霊性の気分が回復してから、再び座って瞑想するようにしなさい。瞑想と睡眠を決して合併してはならない。瞑想中、心を決してうとうとと眠たい状態にしてはならない。多くの人にとって瞑想は睡眠剤であるかのようである！　これは必ず後に悪い習慣となる。

吉祥の日とは

神の名を繰り返し唱《とな》えたり、神を瞑想するために、カレンダーや天文暦を参照する必要はない。

毎日が神を考えるのに大吉なのである。毎日毎日私たちは死に近づいてゆく。だから主のことを考えない日が一日あれば、それはその一日を浪費したことになる。インドの慣習によれば、家庭に誕生あるいは死が生じた後の数日間は宗教的儀式をしてはいけない不吉な日であると考えられている。しかしこれは外的な儀式に関してだけ適用されるものであり、ジャパや瞑想に関するものではない。霊性の修行は毎日いかなる事情にあっても続けられるべきである。

星占いを強く信じている人がいる。ベンガル地方では夕方の後半は不吉な時間であると言われている。私が一九一一年にマドラスを初めて訪れた時、そこでのラーフカーラム[2]は、主として朝方であることを知った。怠惰な人にとっては、これでは実際一日中、不吉な時間しかないことになろう！

一九二九年八月のある日私は仕事でベルル・マトに行った。マハープルシ・マハーラージ（スワーミー・シヴァーナンダ）がそこの院長であられた。私がベルル・マトを訪れた時はいつでも、あの方は、マドラスでの布教活動の仕事に支障が生じないようにできるだけ早く、マドラスに帰るように私に命じられたものである。しかしこの度は、私はもう少し長い期間ベルル・マトにとどまりたいと思っていた。それで、例のごとくマハーラージが私に「いつ帰るつもりであるか」と問われた時、私は「今日から数日間は不吉な日になっております」と答えた。実際には私は不吉な日にも吉日にもまったく関心がなく、それはただベルル・マトの霊的な雰囲気にもう数日間余計に触れていたいがための口実にすぎなかった。この時マハープルシ・マハーラージが私に話された忠告は、私たち皆にとっても目を覚まされる経験となるにちがいない。

マハーラージは次のように忠告なされた。……しかし君たちはすべて行動の人である。吉日を調べたりするのは君たちにふさわしくない。何もすることがない人は、何をするにも天文暦を参考にせざるを得ない。師もやはり常に、「そのようなことを信じる人だけがその信じた事柄から影響を受けるのである、そのようなことを信じていない人は影響されない」と言っておられた。それに、君たちは母なる神の敬虔な信者ではないか。彼女がいかなる状況下にあっても君たちを守護しておられ、また、守護しつづけられるであろう。主の御名を唱えながら旅を始めるなら、人は決して悲嘆に出会うことはない。主の御名の力によって、悲しみすら祝福に変容されるのである。

このように言われてから、あの方は次のように歌われた。

母なるドゥルガーの御名を唱えつつ
旅立つ者は誰であれ

全能の三叉《さんさ》のほこを持つシヴァが
確実にお守《まも》りになる。

トゥルシーダースの二行連句でも同じことが歌われている。

月のよわいはいずれもめでたく、
迎える日々は、いずれも吉日。
主を忘れた人だけが
不吉な日からわざわいを受ける。

人が主の御名を全身全霊をもって唱えれば、その日は吉日である〔3〕。
一九三三年、私が西洋への最初の航海に向けて乗船した時、私はその日が吉日かどうかを調べようとは思わなかった。私には何事もなく順調に事はすすんだ。私は主に命じられた仕事をしに行くのだという考えで旅立ったのである。心が清らかならば天文暦を調べる必要はまったくない。もしあなたが主の御名を繰り返し唱え始めるなら、あらゆる時が縁起の良い時である。私がヨーロッパに滞在していた時、多くの人が私の手相とホロスコープ（誕生のときの星の位置を示す図）

を知りたがった。私は一度もホロスコープを調べたことがなかった。ある信者は私に、「スワーミー、あなた様は星や惑星の影響を信じないのですか」と問うた。私は「私は星や惑星を統制支配している大いなる神の御手《みて》の内にあるのです」と答えた。

偉大な魂たちの誕生日には、私たちは今までよりもさらに時間をかけて、その魂の思い出と瞑想と祈りに献身すべきである。そうすれば、それだけ外的なものに気が散るのをさけることができる。その日は外的にお祭りをし社会的に祝賀する日であるだけでなく、私たちが自分の奥底の魂の中に静かに引きこもる日でもある。そしてもし私たちが彼らの意識の水準に達しているなら、そこでその偉大な魂たちと触れ合うことができるのである。こうした偉大な魂は死んで消えてなくなってしまっているとは決して考えてはならない。決して消え去ってはいないのである。あの方々は常にあの方々が生存していた時とまったく同じように、今でも存在しているのである。誠実にして、自らの意識を身体的次元を越えて高めることができ、その意識をその偉大な魂とその理想に固定する仕方を知る人は誰でも、その偉大な魂と触れ合い交わることができるのである。キリストは二〇〇〇年前に生きていたにすぎないと考えてはならない。ブッダは死んでしまって今は存在しないと考えてはならない。あの方々は不滅なのである。シュリー・ラーマクリシュナとヴィヴェーカーナンダは今なお生きているのである。あの方々の生命力は今なお何千という人びとの運命を導き影響を与えつづけているのである。

瞑想のための時間

スワーミー・ブラフマーナンダが教えられるように、瞑想を一日四回すなわち夜明け、真昼、夕方と真夜中に実践するように努力しなさい。これらの時刻では、自然は平安に満ちており、また私たちの内部と外部で霊的振動の流れの方向が変化する。これらのすべての時刻で、瞑想できない人でも、少なくとも朝方と夕方の時刻には瞑想すべきである。

私たちは一日に何度食事をとるだろうか。私たちが身体のため、食事をする十分な時間をもてるなら、私たちは健全な心にとって絶対不可欠な霊的な食事についても時間をつくるようにすべきではないか。私たちは空腹になると、店に駆けこみ急いで食べ物をかっこむ。私たちは霊性の食べ物にも空腹を感じなければならない。そうなれば、私たちは時間がないなどと不平を言うこともなくなるであろう。

瞑想にもっともふさわしい時刻は朝方である。夜間の熟睡が私たちの記憶の多くを抹消あるいは和らげており、朝方私たちはより容易に瞑想できる。目を覚ますやいなや、主に挨拶をし主の聖なる御名を繰り返し唱えなさい。あなたが世俗的なことを考え始める前に、あなたの心を主のマントラと聖なる姿で満たしなさい。目覚めるとすぐに、世俗的な事柄が心を占領するのを決して許してはならない。その時はまだ意識的な心は活発になっておらず、無意識的な心の方が感受性に富んでいる。だからその時あなたがあなたの心に与える暗示は無意識の深層に深く沈みこむことになる。夜が明ける少し前の短い時間は、霊性の求道者にとってもっとも貴重な時間であり、この時間をジャパと瞑想のために十分に利用すべきである。

あなたは瞑想を終えた後、しばらくそのままその席に座りつづけるようにしなさい。私たちは座ったままゆったりとした気持ちで私たちの瞑想の対象について静かに考えるべきである。その時私たちの心は新鮮な霊的な考えで満たされ、より崇高な喜びを感じるであろう。この喜びはどこから来るのか。それは心のより深い深層から来るのである。これは、バジャナーナンダすなわち礼拝あるいは瞑想に由来する喜びである。その時私たちは自分自身とも世界とも仲むつまじく和合している。その時私たちは瞑想的な雰囲気と内的な喜びを強化し安定させるために、そうした気分にふさわしいいくつかの祈りや賛歌を朗唱してもよい。席を離れた後でもすぐさま他の人と話しすることなく、静観的で平静沈着であるのがよい。このような修行によって、私たちの心の底流に連続的な瞑想の気分が養い育てられ、それを高い次元に保つことができるようになる。

この瞑想後の座法は短時間にすべきである。たとえば、あなたが一五分間瞑想したとして、その後そこに四五分間座りつづけるべきだろうか。もしもあなたが一時間あるいは一時間半瞑想をしたら、あなたの霊的な気分に世俗的な考えが突然侵入してくるのを防ぐには、その後もう一五分ぐらいすわりつづけるとよい。そのようにスワーミー・ブラフマーナンダは私たちに教えられた。

睡眠に関しての指示

霊性の求道者にとっては、五、六時間の睡眠で充分である。普通の場合、八時間は多すぎる。そんなにたくさん眠ることより、昼間始終、神経と心の緊張を減らすよう心がけることの方が、はるかに重要である。瞑想ではゆったりとした気持ちになることが必要である。まず第一に私たちは私たちの神経の緊張を減少させる方法を学び知らねばならない。神経質すぎては決して瞑想ができない。次に、私たちは感情と感傷を、たとえそれらが良い性質をもった清らかなあるいは心を高揚させるような感情であっても、制御すべきである。神への全き帰依心を深めることによって、心を受動的にし、無限なるものに波長をあわせ、そうすることで私たちの落ち着きのなさと精神的な緊張を最小にすることができなければならない。これができるようになる時、私たちは実際に瞑想を始めるかなり前でも、一種の平安を感じるであろう。瞑想をする前にできるだけゆったりとした気持ちになることを忘れないようにしよう。

私たちは昼食後、たとえば二時ごろ、短い休憩をとるべきである。短い「仮眠」をしただけでも心は非常に爽やかになる。これは非常に有益であるが、多くの人には実行するのが非常に難しい。多くの人にとって、その心をひどく消耗させ興奮させる日常活動の中で、ほんの短い休憩をとっても、その心を聖なる心像と聖なる音に調和した共鳴振動で再び満たすことは難しい。

私たちはまた就床前あるいは就寝前に、世俗的なものすなわち小説やフィクションや物語を決して読まないようにしよう。その時間をある神聖な考えや神聖な音をじっくりと考えたり聞いたりする時間とすべきである。あなたは今神のひざの中で眠ろうとしている。あるいはあなたの魂は光の点のように聖なる光の大海に合流しようとしている、等と考えなさい。眠りにおちいる前に、私たちの心は完全に神で満たされるべきである。もし私たちが世俗的なものをこの時間に読んだとしたら、それは眠っている間中、私たちの無意識の心の中で働きつづけ、非常に悪い結果を生じることになろう。夕方になったら、私たちは心が従事すべきものに細心の注意を払わねばならない。神のことを、すなわち神の形姿あるいは神の御名またはその両者を、心を集中し平和な気分でつくづくと考えるべきであり、それは非常に効果的な方法である。このようにして次第に私たちは無意識的な心の内容を変容することができる。またこれ以外の方法はない。眠りに就く前に世俗的な本を読むことは非常に有害であるが、概して私たちはこの点にまったく無頓着なために、そのことで自分自身にどれほど有害な影響を与えているかにまったく気づいていない。眠っている間の無意識的な心の働きは非常に重要であり、決して無視してはいけない。

あなたにとって、朝目を覚ました時や就床前に、主のことを思い出すのが難しいのであれば、主の絵画肖像を身近に置き、電灯を消す時や朝目を覚ました時、その肖像を見ることを忘れないようにしなさい。あなたが主の肖像を見るという習慣を実践しつづける時、間もなくあなたは主のことを思うことなく就床したり目を覚ましたりするのがかえって困難になっていることにも気づくであろう。

さらにここで述べておかねばならないことが一つある。もしあなたが夜中に目を覚ましたなら、静かな和やかな気分で、必要以上に緊張することなく、直ちにジャパを行いなさい。しかしこれを実践している間、ジャパと睡眠を決して結びつけてはならない。それは非常によくないことである。就床する前に一〇〇回から一〇〇〇回のジャパをしなさい。神聖な音であなた自身を充満し、あなたがしようと決めた数のジャパを終えるまでは決してジャパをやめないように心掛けなさい。

意識の中心を決めなさい

あなたは意識の中心を決めなければならない。その中心を発見するためには、あなたの「私」意識の源を探求するか、神と接触しようと努力するかしかない。この意識の中心を常にしっかりと握っていなさい。決してハートより下位に中心を決めてはならない。あるタントラ派の聖典にそのように書かれていても、決して心をハートより下位の中心に集中させてはならない。初心者が下位の中心に心を集中すると、性欲その他の欲情がかきたてられることになろう。

食べ物のコントロール

霊性の求道者は決して胃に食べ物を詰め込みすぎてはならない。霊性の生活の中で、食べ物はそれ相応に重要視しなければならない。しかしあまりにそれに強迫的になってはならない。あなたの要求にぴったりとあった食べ物の質と型を固定しなさい。約二週間に一度位断食するのはよいことであるが、常に節度を守って中庸であるのはさらによいことである。ある体質の人には断食は適さない。そのような人は断食への誘惑を避けるべきである。断食しようと試みては、いつもそれに失敗している人たちがいる。彼らは常にそのことばかりに気を奪われている。常に神のことを考える代わりに、時間とエネルギーの多くがこの無益な苦闘に浪費されている。

姿勢

アーサナ（姿勢）に関してあなたは二つの異なった座り方を知っておくべきである。そうすればあなたが一つの座り方で緊張を感じた時、もう一つの座り方に変えることができる。サーダナのもっとも大事な目的は瞑想であり、それ以外のことはすべて心を正しい気分に高めるための準備にすぎない。正しい気分が到来すれば、瞑想は非常に容易となる。今日インドではさまざまなアーサナを実践することが再流行している。霊性の生活にとってこれらの姿勢がすべて必要というわけではない。より重要なことは、体と頭が真っすぐになっており、私たちの心が安定し、ゆったりとして快適であると感じなければならないということである。これが容易にでき、また自然なものとなるのは、充分に修行した後である。

リズミカルな呼吸

規則正しい静かな生活ができない人、あるいは資格のある師の指導のもとに常に居ることのできない大多数の人において、プラーナーヤーマの修行は危険である。しかし息を止めずに規則正しい呼吸をする修行はまったく害はない。最初は時間を決めて行うのがよい。その後、それはいつでも行うことができるようになる。それが習慣となるまで、リズミカルな規則正しい呼吸を常に実践するように努めなさい。不規則な呼吸は驚くほどのエネルギーを浪費し同時に心をも不安定にする。諸感覚は抑制されねばならない。心はリズミカルにならねばならない、身体という機械全体の車輪はあなたの統制下に置かねばならない。そうなれば、その時あなたはその機械を楽しく運転操作できることになる。

持続的に警戒していなさい

いかなる事情にあろうとも、いかなる人生の局面にあろうとも、完全に自覚的であることを学びなさい、すなわちいかなる言動においてもその自分自身の真の動機を承知しているようになりなさい。自分目身を厳しく批判しなさい、しかしそれは常に建設的な批判であって、決して破壊的な批判であってはならない。そうでなければあなたの霊性への努力と発展の助けとはならない。私は罪びとであるという否定的な態度は、ますますあなたを罪びとにしていくだけであり、あなたから霊性への進取的自発性を完全に奪ってしまう。

習慣は行動の繰り返しによって形成される。行動を変えることによって、習慣は変えられる。習慣は私たちの後天的に獲得された性格にすぎず、決して私たち人間存在の本質的な部分ではない。それ故に、着実な修行によって、最悪の習慣でさえ変えられるのである。習慣が古いものであればあるほど、それを克服するのは難しくなる。しかし悪い習慣を変えようと繰り返し試みても、その習慣が消えないからといって失望してはならない。あなたがあなた自身の無意識的な心の働きに注意し警戒しつづけ、霊性の修行の厳格な諸規制をしっかりと守りつづけるならば、あらゆる悪い習慣は間もなく衰え消え去るであろう。しかし不屈の精神と忍耐が必要である。精神一到何事か成らざらん。あなたは新たに悪い習慣をつくってはならない。古い習慣だけでもやっかいなものなのだから。

鎖の強さはその鎖のもっとも弱い連結部分で決まる。それと同じく、悪い仲間や悪い交際に対抗する私たちの抵抗力の強さは、私たちのもっとも意志薄弱な時点における私たちの悪に対する反応によって判定される。それ故、私たちはできるだけ悪い影響を受けないように努めながら、万全の備えをし、正しい考え方や行動を通して、また自己分析や祈りや瞑想を通して、私たちの性格の内でもっとも弱いところを強化するあらゆる努力をしなければならない。

もし私たちが誠実な求道者の生活をしようと努め、同時に用心深くあるならば、私たちは心のあらゆる動き、すなわち心の中に生じるあらゆる考えや衝動を知ることができるようになるであろう。通常私たちはこうした心の動きにあまりにも鈍感で無関心であるため、心という馬が私たちをどぶにほうり投げた後で初めて、自らが置かれている危険な状態に気づくことになる。そのようなことが起こったのは、私たちが無関心で正しい努力をしていないために、まったく気づかないうちに、馬がはるばるとそのどぶのところにまで至り着いていたからである。

手綱をしっかりと握っていなさい。路上での事故はすべて不注意によるものである。それ故注意深くありなさい。常に用心深くありなさい。決して一分たりともあなたの心を監視することを怠ってはならない。いかなる修行法に従おうとも、これがあらゆる求道者にとって共通の原則である。

あなたの環境に適応しなさい

あなたがどこにいようとそこに霊性の雰囲気を作りだしなさい。あなたの部屋を神殿に変質しなさい。あなたが聖地や僧院を訪れた時、あなたはその場の神聖な雰囲気を楽しむだけではいけない。あなたはまたそこに何かを寄付しなければならない。西洋では霊的な雰囲気全体が枯渇してしまっている。もし私たちがそこに何かを寄付することを忘れてしまうようなら、インドでもまた同じことがおこるであろう。建物や聖画肖像だけでは充分ではない。そうしたものは霊性を犠牲にしていることが非常に多い。

環境に不平を言うのは無益である。世界は決してあなたのために変わってはくれない、あなたが自分自身を変えなければならないのである。あなたは自らの気分を適切に調律し、広大無辺な神の臨在と神というより高い現実性と接触しなければならない。霊性の修行中は、神と私たち自身のことだけを考えなさい。その他の事は一切忘れなさい。神以外のことでくよくよ心配することをやめようではないか。私たちは神とだけ一緒に住まうべきである。確かにこれは到達すべき最終段階ではないが、そこに到達するためにまったく不可欠の踏み石である。最終的に、私たちはあらゆるものの中に同一の神が存在することを悟り、神であるが故に神のために神を通して、あらゆるものを愛するようにならねばならない。

神に対する明確な態度を養いなさい

霊性の求道者は神との明確な関係あるいは態度を養わねばならない。まず第一に、求道者は神の特殊な面、すなわちひとりの神聖な人格者としての神を熱烈に愛さねばならない。それから次に求道者は人格神の背後に宇宙的な存在者を見ることを学び、そして次にはその宇宙神の背後に絶対者を見なければならない。神聖な人格者すなわち神の化身あるいは人格神は着実に一歩一歩私たちを最高の知識に到達するまで導いていく。絶対者、超越者を悟るためには、その前に常に内在的な神の根本原理を悟っている必要がある。絶対者ということが知性にとっていかに魅力的であっても、不可欠な前準備をせずに一足飛びに絶対者に到達できる人はいない。私たちが心の内に宇宙的な展望見解を持ち得るようになるにともなって、私たちは「男、女というものもない、主観客観というものもない、あるのはさまざまな名前と形を通して顕現している唯一者たる神だけである」と、ますます強く感じるようになる。

私たちは過酷で恐ろしいことにさえ、その恐ろしさや過酷さで心が圧倒されることなく、神のみを見ることを学ばねばならない。神はまったく粗大な、不純な、恐ろしい、俗悪なものの中にさえ存在している。しかしこれらの現れが、私たちの心に影響を与えるのを、あるいは私たちの心を奪うのを決して許してはならない。宇宙的な展望見解を展開しないならば、私たちは決して心の落ち着きと平静さに到達できない。

唯一者だけを見るという状態になればなれただけ、私たちは、あらゆる、制限された状態と対をなす諸現象を忘れる。現象世界の遊戯全体を忘れる。こうしたことが実現できるのは、私たちが神以外のものはすべて無意義ではかないものであり、二次的な重要性しかなく、単なる影、実体のないいつかのまの舞台劇であると見る時である。私たちが諸感覚によって心の前に置かれるさまざまな誘惑から自由でなく、またこの乱れた心を制御できていない時には、実際に私たちは神の方に心を向け、神を私たちの人生の旋回軸とすることはできない。

事柄をありのままに見ることを学びなさい。現象的な次元では、いたるところで、汚物と美しい花々が相並んで存在しているのを、あなたは見る。私たちが相対的な一対の現象の次元すなわち現れの次元を超越しない限り、それらは永遠に対立分離したままである。あなたがサーダナの初期段階にある間に、世俗と世俗的な喜びへの嫌悪感を育て上げなさい。その後で始めてあなたはこの嫌悪感を克服し、霊性の目を通して世界を見ることができるようになるだろう。

あなたの心を運転操作することを学びなさい

あなたは心を扱う時、心の急所に触れねばならない。もしもあなたが牛から乳を搾りだす仕方を知らなければ、あなたは牛から乳を得ることはできない。あなたが最大量のミルクを得ようとするなら、熟練した乳搾り人にならなければならない。同じように、あなたが自分自身の心を操作する仕方を知らなければ、あなたは、たくさんの本を読んでそんなにも多くのすばらしい考えで心を充満させていても、心からたいした利益を引き出すことはできない。牛乳の代わりに強烈な足蹴りをくらうだけかもしれない。

心はさまざまな機能をもっている。それらのあるものは慎重に鍵をかけて閉じ込めておかねばならない、すなわち悪い衝動と記憶は抑制されねばならない。またあるものは解放されねばならない、すなわち無執着や信仰を実践しようとする傾向は促進奨励しなければならない。しかし最終的には、あなたはこうしたさまざまな機能に火をつけて燃してしまわなければならない、というのは真理は善悪を越えたところにあるのだから。

常に神にのみ心を向けよ

私たちが世の中から突かれたり蹴られたり殴られたりの打撃を受ける度ごとに、無理にでもいつも心を神の方に向けるようにし、この世が非実在であることを思いおこそうではないか。そうすれば私たちの絶望も不幸もすべて祝福となる。もしあなたが何らかの重荷や苦しみを持っているなら、神の電流をあなたに通電して換気し雰囲気を変えてしまいなさい。時には蒸気（怒り）がたまりすぎたら蒸気を放出することもよいことであるが、その憤りすら神の方にのみ向けるようにしよう。もしあなたがそうしたいと思うなら、あなたは神をあなたの友人として、遊び仲間として、同朋として、叱ってもよい。あなたが神と触れ合う仕方を実際に会得する時、神はいつでもそれほどあなたの身近におられるのである。その時あなたが神に自由に話しかけても、神は決しておおこりにはならない。御存じのように、霊性の生活における唯一最大の重要事は神との親密な関係を確立することなのである。

霊性の求道者はいかなる状況にあっても神のみに依存すべきである。初期段階では、求道者は人びとや協会の助けをかりてもよいが、次第にできるだけその霊感を神から引き出すようにならねばならない。

私たちが苦しくてつらいと感じている時、心全体が取り乱れている。しかし私たちは非常な痛みを感じている時でさえ、次のように言うべきである、「確かに私の心と体はそのように感じている。しかしこの痛みでさえ私の『自己』には触れ得ない、この痛みは私の真の自己を閉じこめることはできないのだ」と。常に、いかなる時でも、あなたの魂の栄光と自由を断固として主張しなさい。大悟した人たちは苦しい時、ただ単にその苦しみの目撃者として立つ。大悟した人たちは直ちに彼らの心をより高い次元に方向転換し、いかなる状況にあっても影響されないままでありつづける。

私たち自身のハートの内に住まう至高霊を感じる能力は強化されねばならない。私たちの感情や考えのすべてを私たちの内部に住まうこの神聖な絶対意識に向けて方向づけるようにしよう。この絶対意識の存在に気づきなさい。外部の世界にはかくも多くの不幸、かくも多くの失望、かくも多くの悲惨がある。そしてまたこれから先も外部の世界はそのようにあるであろう。現象的な世界は、対をなす、諸現象から成り立っているのである。だから常にこれからも善と悪はあり、不幸と痛みがなくなることはなく、永遠不変の幸福というものもないであろう。この事態は決して変わり得ない。あなたにできることは、これまでよりもさらに強く主にしがみつき、全面的に神に真に帰依する心を育て上げることしかない。これが平安と祝福に至る唯一の方法である。それは逃避ではない。むしろそれはあなたの知覚と感情の全機能を実際的に高める方法である。それは現実に対しての実践的な解決法である。あなたがいつも不公平感をいだいているこれらの外部世界のあらゆる災難や、争いや世界戦争を引き起こしかねない世界の中のあらゆる社会的緊張関係を見れば、私たちは平和の唯一の貯蔵庫である神を探し求めざるを得ない。私たちが不幸や災難や失望に出会ったら必ずこの世の変わりやすいはかない性質を思いおこそうではないか。この世界には私たちに安全を保証してくれるものは何もないのである。私たちはこの世界からいかなる楽しみも幸福な期待もしないようにしよう。神のみが私たちの力の源である。神の御心《みこころ》のままにあらしめよ。私たちを神と結合せしめよう。これを真の求道者の態度とすべきである。

単純質朴であることが必要

あなたのあらゆる関係において正直でありなさい。偽善と欺瞞《ぎまん》をやめなさい。子供じみて幼稚にではなく、子供のように素直でありなさい。世俗的な人びとの間にあっては、無口で控えめにして、高慢にではなく威厳をもって超然としていなさい。あなたは超人格的な仕方で他の人びとに非常に同情的になっても、超然として控えめにして、彼らが個人的な仕方であなたに近寄るのを許してはならない。

私たちが単純質朴となるやいなや、あらゆることは単純質朴となる。私たちは天使のように、神の真の子供たちのように生活すべきである。私たちは子供の単純さと清らかさと、大人の円熟と智恵を併せ持つべきである。

あなたはあなたの心を誰にでも打ち明けるのではなく、清らかな霊性の魂たちにのみ打ち明けるべきである。人前に内輪の欠点をさらけ出す必要はまったくない。悪意をもった人はあなたの告白懺悔《ざんげ》を利用し、あなたに敵対し、あなたの人生を悲惨なものとする。しかしあなたはすでに霊性の道にしっかりと定着しその道の難しさを自ら経験している人である英知の長老にはいつでも心を打ち明けてよい。あなたは決してよこしまな世俗的な人びとに心を打ち明けてはならない。もしもあなたが困難のさなかにあって、あなたの心を向けるべき経験者が誰もいない時には、あなたの心をあなたのイシュタの方に向けなさい。世俗的な人は決してあなたに忠告を与えることはできない。不幸を引き起こす最大の原因のひとつは、愚者の忠告に聴き従うことである。

彼らは自分自身を知らない。なのにどうして彼らがあなたを助けることができよう。彼らが善意の人であっても、彼らは、あなたの一生涯に影響を与えている霊性の問題について、あなたに健全な忠告を与えることは決してできない。そうした忠告をするには、世俗的な心の人が決して所有していない別種の感覚が必要なのである。鏡があまりに汚れていれば、光を反射できない、あるいはたとえ光を反射できたとしても、像があまりに曇ってゆがんでいれば、その結果は混乱でしかあり得ない。

まず第一に真の紳士でありなさい

これは非常に重要なことである。あなたが霊的な男性、女性になるにはその前に、紳士（言動・行動などが社会的模範になるような教養があり礼儀正しい人）という言葉の本当の意味で紳士、淑女でなければならない。紳士淑女である人だけが霊性の人になり得るのである。私はいつも繰り返し次のように話している。「信者である前に、霊性の生活をすることを考える前に、あなた自身が紳士あるいは淑女であるように努めなさい」と。しかしまた信者は少なくともある程度霊性の生活に導く初歩の修行にしっかりと根をおろした時、初めて紳士淑女になり得るのである。時々品のない無教養な仕方で振る舞う人びとをみかける。立派な大人が子供のように振る舞うこともまれではない。人は幼児性を克服して成長しなければならない。正しい適応力や正しい態度を身につけられなかったために、一生涯行儀が悪く品がないままにとどまる人たちもみられる。それは欠陥のある子供時代の余波である。それは正常な成長を阻害された結果である。私はしばしば人びとに霊性の生活を始める前に、デール・カーネギーの次の著書を読むようにすすめている。すなわち、「人を動かす」、「道は開ける」（両翻訳名）である。私たちの問題の多くは霊性の生活とはまったく関係がなく、それは私たちの誤った態度や行為によって引き起こされた問題にすぎないことが多い。

私たちは赤の他人から「あの人はいい人だ」と思われるだけでは不十分であり、私たちの身近にいる人たちから「あの人は完全な自制心をもったよい人である」と思われるように努めるべきである。赤の他人に美しい笑顔を見せるのはやさしいことだ。私たちは常に、偶然に出会った赤の他人の意見より、私たちの身近の人の意見を尊重すべきである。

忍耐強くあることを学びなさい

ある人が非寛容で偏屈であれば、その人は一度も霊性の経験をしたことがなく、確固とした信仰をもっていないことがわかる。この態度は無神論者の態度である。無神論者は彼らの心底において彼ら自身の懐疑を自覚的に解決できていないが故に、ある教条に絶望的にしがみついているのである。真の信仰を持っている人は、あらゆるものに対して共感的であり、自分以外の敬虔で誠実な魂に嫉妬することがない。宗教的なからいばりは宗教的な偽善の徴《しる》しである。

霊性の求道者はいかなる事情にあっても忍耐強く耐えることを学ばねばならない。物事は私たちの思いどおりに進行していくのではない。私たちは必ずさまざまな不快な不都合な状況に直面しなければならない。あなたは、特に現代の都市では、常に瞑想に好都合な条件がととのうことを期待してはならない。あなたが置かれている時と場を最大限に利用することを学びなさい。私たちは周囲の環境と調和して生活することを学ばなければならない。

怒りの原因は心の内部の不調和にある。人は他人に対して怒る前に、すでに自分自身に対して怒っていたのである。自分自身を嫌うことは他人を嫌うことと同じくよくないことである。現代の心理学者が証明しているように、それが多くの心の病気の根本原因なのである。

神と魂を結んでいるパイプが時々つまることがある。その時は掃除をして通気をよくしなければならない。そうしなければ、内部に不調和が生じて他人とのいざこざを引き起こすことになるだろう。神聖な調子に気分を調律している人は、常に調和している。

落ち着きを決して失ってはならない。身体的、精神的な落ち着きのなさの他に、無意識的な落ち着きのなさといったことがある。その人自身はそれにまったく気づいていない落ち着きのなさのことである。そのような無意識的な落ち着きのなさは、多量のエネルギーを消耗し人を疲れさせる。

不平を言うことをやめなさい

霊性の修行を長期間行ったが何も得ることができなかったと不平を言う人がよくある。彼らの心を分析してみると、彼らはほとんどいつも次のように考えていたことがわかる、すなわち「私は祈りをささげ、ジャパをしているが何の成果もない」と。そのような考えにエネルギーを浪費する代わりに、彼らが神のみに心を集中していたなら、それははるかに有効であったであろうに。このような「私」を常に考えていると、私たちは利己的になる。私たちは私たちだけが神の信者であると考えがちである。信者はこの点については非常に注意深くなければならない。信者は、この「私」意識を初期段階で根絶しておかないと、後に根絶することは非常に難しくなるだろう。ホーリー・マザーが次のようにおっしゃったのもそれ故である。「自分自身の霊性の進歩を評価しようとするのは、うぬぼれである。あなたのサーダナの成果をすべて神にゆだねなさい。あなたのすることすべてを神に捧げなさい」と。

あなたのあらゆる仕事を、何らかの方法で神と結びつけなさい。一切のことを、「彼」のために行いなさい。あなたがしなければならないこの人生での義務を行いなさい。しかしその行動を支える中心思想は、神についての思いであるべきである。あなたがこの修行をやり通すならば、重大な結果があなたに到来するであろう。霊性の生活には奇跡も魔法もない。それは非常に単純なことであるのだが、非常に難しいことでもあるのである。

あなたがあなたのグルからさずけられた神の御名、すなわちマントラを繰り返し唱えつづけなさい。あなたが一人でいる時には、マントラを大声で繰り返してもよい。最善の方法は心の中で繰り返しそれに傾聴することである。あなたの心全体をその音の振動で充満させなさい。神の御名は偉大な力を持っているのであるが、潜在的なのである。持続的な実践によって初めて、この力が顕在化してくるのである。絶え間のない繰り返しがマントラを次第に心のより深層に送りこみ、その深層でマントラは悪い考えが浮かび上がってこないように働くのである。あなたは絶え間なくジャパを徹底して実践すれば、そのすばらしい成果をあなた自身の目で見ることができるであろう。

不必要な不平不満を作りだしてはならない。不平不満の緊張関係を生きがいにしているように見える人たちがいる。彼らは心配することがなくなると、また新しい心配事を作りだす。それから彼らはそれをくよくよと考えそれをますます大きく増幅してゆく。一匹のサルがいて、体がかゆくなったので、ひっかいたら小さなひっかき傷ができた。サルはさらにひっかき続けたので、しまいには大きな潰瘍になってしまった。例の人びともこれと同じではないか。私たちは自分の不幸を、くよくよ考えることによって、まったく不釣り合いな程に拡大させて行く。そうする代わりに主のことをつくづくと考えた方がよいのではないか。

人は生きている限り、悲しみや苦悩を避けて通ることはできない。人間であれば誰でも、その人の割り当て分の悲しみと不幸にあずかっている。ある人びとが幸福であるとすれば、それは彼らがこの悲しみと不幸を克服しているからである。自殺したいと考えている人びとがいる。しかし自殺で彼らの問題は解決するだろうか。魂は、肉体が破壊された後でも存続しつづけるのであるから、彼らの問題は別の次元に移し置かれただけのことであり、いずれにせよ、魂はその問題に直面しなければならない。不自然な仕方でこの人生を終えることは、かくも多くの貴重な時間の損失、すなわち経験を積み学び自らを向上させる貴重なもろもろの機会を損失したことである。だからそのような馬鹿げた考えを放棄しなさい。

心がかなりいい雰囲気にあることもある。それは心の中でサットワ・グナが優勢だからである。しかしこれは恒久不変な状態ではない。三つのグナは常に変化している。それが自然の法則である。だからある時はラジャスが、またある時にはタマスが、あなたの心の中で優位を占め、その時あなたは落ち着きがないと感じたり、まったく何もしたくないと感じたりするであろう。こうしたことは避けることができない。しかし神の御名を繰り返しつつ、道徳的な生活をつづける時、あなたはあなたの内にサットワが現れてくることにもっとも好意をもつようになり、またそれが現れた時、幸福で平安であると感じるようになる。この気分は修行によってさらに持続的で安定したものとすることができる。

内と外の調和を確立しなさい

霊性の理想が非常に強力に感動的なものとして訴えてこない時は、心は空虚で無気力になりがちである。神の御名を繰り返し唱え主のことを思いおこしなさい。それはきっと否定的な気分を除いてくれるであろう。

私たちは各々その人独自の気質と相性をもっている。私たちが誰とでも気があい自由に交際できるわけではないのはそのためである。それはまったく自然な人間の性質である。しかし私たちは霊性が深まると、この性質も克服してしまう。

瞑想の最大の障害物は私たちの心が清らかでないこと、もろもろの欲望と情欲、私たちや他者の個性に私たちが執着することに基づいたもろもろの性癖と印象である。それに対する矯正法は、「私たちはアートマンすなわちパラマートマンの顕現である」と考えることである。

精妙な体が、肉体的な体を貫通し浸透している。それは肉体的な体の内部にも外部にも存在している。同様にアートマンすなわち個人の意識は、精妙な体と肉体的な体の内部と外部のどちらにも存在している。無限の至高霊はあらゆる生きものと事物を貫通し浸透している。チャクラは、精妙体と肉体との接触点であり、魂とパラマートマンの接触点である。私たちが肉体から精妙体へ、それから魂へと移動する時、それは一見次のようになっているように見える。

魂あるいは原因体――最内層
精妙体――中間層

肉体――最外層

しかし実際には次のようになっている。

魂あるいはカーラナシャリーラ――最外層
精妙体――中間層
肉体――最内層

さらに魂の次に来る、パラマートマンはもっとも精妙なものよりもさらに精妙であり、もっとも広大なものよりさらに広大である、アノラニーヤーン・マハト・マヒーヤーン。それ故アヌ（精妙なもの）はまたマハト（広大なもの）である。

サット・チット・アーナンダの化身を瞑想しながら、それと一体となりなさい、そしてあらゆる人たちと一緒に神の愛と至福とを分かち合いなさい。これが私たちの人生を、私たちにとっても他者にとってもより充実したより甘美な祝福とする方法である。まず第一に規則正しいサーダナを通して少なくともある程度あなた自身の生活を変容し、それから仕事を礼拝として行うという「仕事と礼拝」という理想を実践しなさい。しかしあなたが楽しくできる以上の仕事をとりあげないように注意しなさい。心に内在する至高霊に光明と案内を求めて祈りなさい。私は平安を見いだす方法をただ一つしか知らない。それは、霊性の修行すなわち祈りと瞑想であり、これは私があなたたちすべての人びとにすすめることのできる方法である。

求道者が感じる落ち着きのなさと空虚感は、私たちの魂とあらゆる存在者の根底にある至高の魂である神聖な至高霊との接触を通してしか、除かれ得ない。この神との霊的交流は、霊性の道を歩んでいれば、すなわちあらゆる行為をすべて至高霊に捧げ至高霊への熱烈な愛をもって信仰を深めて行けば、ついには実現される。

霊性の生活で信者が思いやりのある人となり、他人に対しても親切な人となることがないとしたら、そのような生活の仕方が何の役に立つというのか。私たちは皆、ギーターの中でバガヴァーン・シュリー・クリシュナが語った理想的なバクタの諸性格を思い出し、それをみならうように努めるべきである。

いかなる人も生きものも憎むことなく、あらゆるものに対し親切で慈悲深い人は、「私が」「私のもの」といった感情をもたず、苦しくとも楽しくとも、常に動じない心でありつづける人は、忍耐強く常に満足しており、絶え間なく瞑想をしている人は、自らをよく制御し堅い信仰をもち、その心と知性を神なる私にそそぎ固定させている人は、そのようにして私に深く献身し信仰する人であり、私にとって親愛なる者である［4］。

あまりにあなたの頭に負担をかけて、ねじをゆるめ狂わせないように注意しなさい。私たちが心を集中できるようになるのは、ただ実践の規則正しさを通してだけである。さらに初期段階では、心が適切な気分にあるかどうかにかかわらず、修行は規則正しく行われねばならない。心が落ち着かないなどということを気にしてはならない。瞑想の主題が、他のことよりもっと興味深いものとなってくれば、心はおのずから、瞑想をしたくなるものである。それが神聖な神の御名の力であり、瞑想とその御名とが一緒になって、心と体を調和させ、また正しい理解力を目覚めさせ、霊性の主題への関心をますます強化するのである。

霊性の道を実際に本当に歩んでいる人は、次第に利己的でなくなり、ますます無私無欲となり、他者に対して親切で思いやりが深くなる、ということを私たちは皆心に留めておくべきである。私たちは物をねだる乞食ではなく、物を与える施与者になるべきである。私たちは施与をすればするほど、ますます自由で、楽しく平安に感じる。

あなたが神をあなたの「すべてのすべて」と見なしていれば申し分がない。私にとって主は私の魂とその他すべてのものの根底にある至高の魂である。私は私の個性あるいは形姿にも、私のイシュタデヴァターの形姿にも執着したくないが、私は、私の魂の「魂」、すなわちあらゆる魂の至高の魂と、常に調子を合わせている一つの魂であると感じるように努めている。イシュタデヴァターの形姿をとるのはこの無限の至高霊なのである。ジャパを通してこのことを悟り、主の祝福された形姿を瞑想しなさい。

私たちは霊性の実践の時刻や持続時間にあまりに厳格になりすぎる必要はない。心と体をゆったりとさせて、私たちにできるだけのことをすればよい。しかし常により低級な心によって欺かれないように注意していなければならない。

何時間も続けてジャパと瞑想をする代わりに、聖典を研究することで休憩する方がよい。あるいは少々、有益な体操をしてみるのも悪くない。

私たちが神の本質の栄光の幾分かなりとも理解できるようになるのは、私たちが無限者をかいま見ることができた時である。大洋が何であるかを知らなければ、波についてどうして知り得よう。無限の空間という観念がなければ限定された空間を、あるいは無限の光明ということを知らずして一条の光を、どうして理解できるというのか。

次に瞑想の仕方を述べよう。まず次のように考えなさい。あなたのハートはあなたの魂の光で充満している、その光はあなたの心と体の内部にも外部にも浸透していると。それから次のように考えなさい。その光はいたるところを照らしている無限の霊という発光体の一部分なのであると。あなたの心と体と全世界をその中に融合しながら、あなたは無限の霊の一部分すなわち光の小さな球であると考えなさい。

この無限の瞑想法はあなたにはあまり魅力がないかもしれない。たとえそれが魅力的であっても、それを長時間つづけて行うのは難しい。それ故次のように考えなさい。あなたの魂が純粋に精神的な体と純粋に肉体的な体という洋服を着ていると。パラマートマンはあなたのイシュタデヴァターの形姿で現れている。あなたのイシュタのマントラを繰り返し唱え、その神の光り輝く形姿を瞑想しなさい。あなたのイシュタデヴァターとして自らを現しておられるお方は、あらゆるところを光で照らしておられる無限霊そのものである、と考えなさい。

［1］シュクラヤジュールヴェーダ・サンヒター、一九・九

［2］ヒンドゥ教徒にとって一日の中で不吉とされる時間帯

［3］For Seeker of God, Trans. Swami Vividishananda & Swami Gambhirananda (Calcutta: Advaita Ashrama, 1975), p.84

［4］バガヴァッド・ギーター、一二・一三～一四

第二二章　霊性の生活における祈りの意義

世俗的な祈りと霊性の祈り

ある牧師さんが小さな子供に「坊やはお祈りを毎晩していますか」と尋ねると、その子は「ううん、毎晩はしていないよ。だって毎晩何か欲しいわけじゃないもの」と答えた。子供にとって、祈りは神に世俗的なさまざまな物をおねだりすることなのだ。子供はパパやママにおねだりするように神にさまざまな物をおねだりする。ところが、大人になっても、この子供のような祈りの考え方を持ちつづけていることがよくある。人は神を願い事をかなえてくれる権威者と考え、神にあれこれのことをお願いしつづける、そしてそれらの祈りがかなえられない時、人は神の実在そのものを疑う。恐ろしい戦争が現在進行中である［＊1］。参戦国であるドイツ、イタリア、イギリス、アメリカの国民は自国の勝利を祈りつづけている。キリスト教教会そのものさえ分裂させられ、牧師も聖職者たちも神が自国に味方してくれるように祈りつづけている。こうした人びとは神をどのようなものと考えているのだろうか。神とは地上の人びとの一方をひいきにするような不公平で無慈悲な方であり、人びとの貪欲と憎悪の本能をもてあそぶ、天上の暴君とでも考えているのだろうか。

紀元一世紀のアレキサンドリアのユダヤ人哲学者フィロ・ユデウスは、「神は完全に清らかにしてあらゆる善の源である。一方あらゆる悪の源は物質である。人間の目標は神すなわち完全な善性に復帰することである」と考えていた。これが神学的キリスト教の主要な考え方である。もろもろの悪はサタンに擬人化される。この擬人化された善と悪の二元論の由来はゾロアスター教にあった。キリスト教は、その悪に打ち勝ったのがキリストであると考えている。

ヒンドゥイズムの考え方は次のようである。神は、マーヤーの次元に属する善と悪の両者を越えたところにある。神は絶対的な意識にして至福であり、無限の存在である。創造と破壊、善と悪は、マーヤー・シャクティと名づけられた同一のエネルギーの相異なる二つの様相にすぎない。こうした諸様相のドラマが展開するのは、人間が生まれつき二つの性向をもっているからである。人間にはヴィッデャーとアヴィッデャーという二つの性向がある。ヴィッデャーは清らかさ、無執着、神への愛と英知として具現する。アヴィッデャーは迷いや間違った信念、無慈悲、利己主義、官能的快楽主義等として具現する。この二つの性向は人間の魂と結びついているものであり、その人の度重なる生誕によって集積し結果したものである。人間は自ら負うたことに責任をもたねばならない。人間はダルマと名づけられるヴィッデャーの道を選び、次第に神に近づき、最終的には神の恩寵によって善と悪の両者を越えて行くこともできる。逆に、人間はアヴィッデャーあるいはアダルマの道を選び神から離れ去って、ますます多くの苦悩を自らに積み重ねることもできる。神御自身は善と悪の両者を越えたところにあるのだが、神は人類のために、御自身を人間としてすなわち神の化身として顕現される。神の化身は人類に霊性へ向けて努力する道をさし示して教える。それは、人間を人間の本来の住居であり本質であるところの絶対者に帰り来るように教え導く新しい道であることが多い。

神はあらゆるものの内に住まう傍観者である。あらゆる魂の内に住まうこの唯一の魂を発見しようとすることが霊性の生活である。祈りとはこのような発見をするための一つの方法なのである。祈りによって私たちは神のより身近に引き寄せられる。祈りは私たちが生まれつき持っている霊性の力を目覚めさせる。神は私たちの祈りに耳を傾けておられるのだが、シュリー・ラーマクリシュナが繰り返し語られたように、その祈りは真剣にして誠実なものでなければならない。祈りにおいては、心とハートが完全に一つになっていなければならない。神は私たち自身のためによかれと思う仕方でお答えになられる。人びとは何が自分自身のためによいことなのかを知らないことが非常に多い。だから人びとのかくも多くの利己的で世俗的な祈りが全く聞き届けられないのは非常に正当なことなのである。もし神があらゆる人のあらゆる願いを聞き届けたとしたら、世界は大混乱状態となり、人はたとえ生き残ったとしても皆気違いになることであろう。ある少女は就寝前のいつもの祈りに次のような追伸をつけ加えた。「冬でも花をあたたかくしておくために、どうぞ美しい雪をお送りくださるようお願いします」と。後にお母さんにこっそり打ち明けて言った、「あの時は神様をだましてやったのよ。だってそり遊びができるように雪が欲しかったんだもの」と。神は私たちの祈りによってそのようにだまされることは有り得ない。

祈りの最も重要な本質は信仰である。いかなる状況にあっても神のみがその人の唯一の避難所であるという事実にもとづかない祈りは効果がない。ある時二人の男がボートで海を漂流していた。その内の大酒飲みの方が祈り始めた、「おお、主よ、私を救ってください、私はもう二度と酒を飲みません」と。その時、その相棒が口をはさんだ、「おい、ちょっと待て。それ以上言うな。船がこっちに来るのが見えたような気がする」と。多くの人の祈りの時の考え方はこのようなものである。

人びとは恐れや不安や心配事があって初めて祈る。原始人は彼を守ってくれるように、さまざまな自然力に祈る。ズル族の祈り方は神を脅迫する、「私の願いを聞いてくれ、さもないとトゲのあるイラクサを食らわすぞ」と。霊性の人は彼のハートの深奥から祈る。彼の祈りには自由を求める魂の熱望があらわれている。真の信者は祈りの間中、彼の全身全霊を神の御心《みこころ》に献身している。それは真の光明を求める祈りである。ガーヤットリーという古代から伝えられているヒンドゥの祈りは、今日でも何億というヒンドゥによって繰り返し行われているが、それは最も崇高な祈りの一つである。「三つの世界を輝かしている神聖なる存在の至高の栄光を瞑想しよう。その存在が私たちの霊性の洞察力を目覚めさせてくれますように[1]」祈りの最も崇高な型は、心が深い沈黙の中で神に向かって流れている時の瞑想（ディヤーナ）である。

スワーミー・ヴィヴェーカーナンダがまだ青年であった時、突然父親が亡くなり、母と弟妹たちと親戚を彼自身が扶養しなければならなくなった。彼は家族の生活費のためにまともな職を得ようと奔走し努力したがすべて断られた。彼は困窮のあまり彼の最愛の師シュリー・ラーマクリシュナに言い寄り、師に彼のために祈ってくれるように嘆願した。しかし放棄の権現であられる師はこの若者に次のように命じられた、「神殿の『母』のところに行き、『母』にあなた自身でお願いしなさい。『母』は間違いなくあなたの願いをかなえてくださるだろう」と。青年ヴィヴェーカーナンダは「母」の前に立った、しかしその時彼は「母」の神的な壮麗さにうたれ、「母」が生き生きと臨在しているのを感じた。彼は彼の家族や世俗的な問題に関するあらゆることを完全に忘れてしまい、繰り返し「母」にお願いしたのは信仰と霊性の知識を求める祈りだけであった。彼は師のもとに戻って来て初めて、あのお願いを忘れたことに気づいた。師は再び彼を「母」のところに送り返された。しかしまたもや彼は知識と信仰を求める祈りしかできなかった。こうしたことが数回繰り返された。ついに師は彼を憐《あわ》れみ、彼の家族の各々がかろうじて生きていくだけの必需品に事欠かないようにと彼のために祈られた[2]。

これは私たちすべてにとっての教訓である。私たちは信仰と力と清らかさだけを求めて祈ろうではないか。それが霊性の祈りである。それにはいくつかの形式がある。しかしそれらの目標はすべて魂をより神の身近に近づけることにある。霊性の祈りは真の瞑想(ディヤーナ)へ向けての第一歩である。

ヒンドゥイズムにおける霊性の祈りの諸形式

いかなる時代にあっても、いかなる宗教においても、賛美歌や聖詩や祈りの中に、霊性の求道者と信者のその内奥の神への切なる思いと最も崇高な心情が自然に吐露されている。彼らが、心配事や困窮の影さえみられない崇高な気分で、彼らのハートの満ちあふれから賛美し祈っていることもある。しかし多くの場合そこにみられるのは、限界と不完全さの意識、あるいは疲れ切って苦闘している魂が慰めと助けを求めて全能の永遠に完全な存在の方に目を転じざるを得なくなる、悲惨と救いのなさの感じである。シュリー・クリシュナがバガヴァッド・ギーターの中で言っておられるように、神を礼拝する人に四種類ある、すなわち苦しみ悲しんでいる人、知識を求める人、楽しみを求める人、そして英知の聖者である[3]。

霊性の悟りを得た人が神を礼拝し、瞑想し、彼の心に満ちあふれた愛と帰依から神の栄光のことを話すのは当然である。しかしそれ以外の人の場合はそうではない。人生の苦しみに打ちのめされて、あるいは罪の意識で不安になったり人の助けの無力さに気づいて初めて、この苦労で疲れきった魂は安全と保護とを求めて神の方へ心を向ける。楽しみを求める者は、いくら努力しても全く成果があがらず、途方にくれて、その願望の実現を求めて神を見上げる。知識を求める者は、彼の心を乱す世俗的な問題も物質的な願望も全くもっていないかもしれない、しかし彼の心の深奥では魂の飢えを、すなわち世俗的な世界にあっては決して除かれ得ない、空虚感あるいは有限な存在であることの不幸を感じている。彼の魂はより崇高な生に憧れ、探求をかさね、平安と祝福の源である神のもとに至る。

こうした種類の信者はすべて、緊急な必要にせまられて、神の助けと恩寵を探し求める。このように彼らにとって神は体質的に絶対不可欠なものなのである。それ程に不可欠のものであるからこそ、絶望し途方にくれている無神論者でさえ、慰めと支えを求めて全能者に向かって大声で泣き叫ぶのが聞かれるのである。結局不可知論者の祈りとは次のようなものである。「もしも神がいるとしたなら、おお神よ、もしも魂があるとしたなら、私の魂を救いたまえ」と。これは一見非常に滑稽に見えるけれども、宗教心理学に共鳴する学生の心の根底が揺るがせられざるを得ない深い真理を含んでいる。不可知論者でさえ時には人生のはかなさを思い知らされる。ましてや霊性の求道者であれば、人生のはかなさを思い知るだけでなく非常に痛切に感じ、彼の心の深奥から次のようにただちに彼を助けに来てくれるように主に大声で泣き叫ぶ。

おお、主よ、一日一日が過ぎ去り、命の齢《よわい》は短くなっていくようです。若々しい活気も衰えてしまいました。過ぎ去った日々は決して戻って来ることはありません。時間こそは世界を食い尽すものです。幸運は、大海の表面のさざ波のように変わりやすくはかないものです。その上さらに人生そのものが稲妻の閃光《せんこう》のように一瞬のことです。それ故、おお、あらゆるものの避難所であるおんみよ、おんみに避難する私を直ちに守りたまえ［4］。

進歩し真理を悟った者は、清らかさと神聖さという考えと結びついた内在者としての神あるいは超越者としての神の経験から話をする。しかしまだ未熟な信者では、至高の実在という高尚な考え方をありありと思い描くことができない。たとえ彼があらゆるところに浸透している霊性の神を信じていると口では言えても、彼は神を人間の姿と感情をもった全能者と考えている。また彼が彼の神は信者を全面的に愛するものと考えているとしても、彼はまた神を神の信者の敵を罰し、神を信じないものを地獄におとさんといつも身構えているものと考えている。さらにその熱心な信者が彼の「愛の神」の名のもとにまさに憎しみの賛美歌を歌うこともまれではない。その上、彼は、現実的にであれ空想的にであれ他者の内に悪を認めはするが、自分自身の内に見いだすべきそれよりはるかに大きな悪には全く気づいていない。これは世界中のあらゆる宗教や宗派に多かれ少なかれ見られる現象である。しかし求道者が彼の粗野で未熟な考えを脱却するにつれ、彼は神は全能であるばかりでなく、あらゆる清らかさと完全な無欠点さの唯一の源でもあるという、より崇高な神の概念を抱くようになる。

さらに進歩して行くと、信者はまた自分自身に関する内省力を次第に強化していくようになる。これは霊性の進歩を示す重要な指標である。このような内省力が目覚めると、彼は彼の心と体を汚染していた悪と不純物を容易に探知することができるようになる。彼はそのため自らの罪と欠点だらけの不完全さの感じにさいなまれ、罪を除き清める卓越したお方であられる神との触れ合いと恩寵によってこれらを洗い流したいと思う。ウパニシャドのリシ達によれば、その神とは、あらゆるものに浸透し、自ら輝き、形なく、清らかにして悪に全く染まっておらず[5]、罪のないハートに住まい[6]、邪悪から心を引き離すことなく彼の心と諸感覚を制御していない人には決して悟られることのないお方である[7]。

神は罪を除き清める救い主である

神は永遠に清らかにして罪を除き清める者であるという考えはまた、膨大なヴェーダやその他のヒンドゥの宗教的文献に繰り返し現れる考えであり、リグ・ヴェーダ・サムヒターの祈りのなかにさえ、リシが罪と悪の束縛からの救いと罪の許しを求めて[8]、宇宙の崇高な道徳の統治者であるヴァルナに祈りを捧げているのが見いだされる。ウパニシャドの中でリシは次の祈りを捧げている。

さんぜんと輝く存在があらゆるものに浸透し神聖にして永遠に臨在することによって、罪は除かれ清められ、人は罪から逃れる。願わくば、私たちもまた、あのあらゆるものの罪を除き清める永遠に神聖なる臨在によって不純物から解放され、私たちの最大の敵である罪を完全に超越できますように〔9〕。

神の恩寵を受け、霊性の悟りと自由を得るためには清らかでなければならない、信者は次のように祈る。

私が思いや言葉や行いによっていかなる罪を犯しているとしても、願わくば、至高の主が私を許し、私からその罪をすべてはらい清めてくださいますように〔10〕。

次のウパニシャドの祈りは信者によって実際に常に行われている。

神々の創造者にして維持者、あらゆるものの主、悪の破壊者、偉大なリシ、生きものに宇宙の魂を与えられたお方よ、願わくば、私たちに善なる思いを授けたまわんことを〔11〕。

悪と不純物は、いかなる姿をとろうとも、誠実な求道者の神との合一を障害するため、求道者に最も惨めな思いを引き起こす。それ故その惨めな思いの中にあって、彼は何度も何度も罪を除き清める者にして救い主である神に心を向ける。それに対して主もまた無限の慈悲から彼に希望に満ちた言葉を語りかけられる。

たとえあなたが罪びとの中で最も罪深い者だとしても、神の知識といういかだ舟で、あなたにあらゆる罪の大海を越え渡らせてあげよう[12]。

そして愛の神は信者を慰め彼の全身全霊を神に帰依するように求める。

形式的な宗教の道を捨て去り、神なる私の内に避難しなさい。私はあなたを、すべての罪から解き放とう。悲しむな[13]。

ヒンドゥイズムの神の概念は、慈悲と恩情、清らかさと神聖さの考え方と密接に結びついており、それは根本的自明の真理とされている。そして信者のハートの深奥から次なる祈りが湧き上ってくる。

おお、主よ、私のすべての罪を許したまえ。おお、慈悲の大洋たるおんみよ、おんみに栄光あれ[14]。

私は無数の罪を犯し世俗という恐ろしい海に落とされてしまいました。おお主よ、私は途方にくれて、おんみの内に避難しました。どうか私をおんみ御自身のものとしてください[15]。

信者の心の深奥の神への愛

罪の意識と神の許しの確信は確かに人の霊性が成長していく過程のある段階において必要なことではある。しかしこれらはより高等なヒンドゥイズムにおける支配的な考え方ではない。ヒンドゥのすべての宗教や教義は、人間の真なる自己は潜在的に神聖で清らかであり、人間はあらゆる制限から自由になる本質を生まれつき持っていると信じている。ヒンドゥのハートは他の何ものよりも、神の愛と神との交流と霊性の自由を憧れ希求する。ヒンドゥは人格的＝超人格的な神の人格的な一面を強調する。

ヒンドゥは神と生き生きと交わり神と人格的な関係を結びたいと考え、その目標を実現しようとする試みの中で、さまざまな心情を表現し態度をとる。外面から観察するだけでその心の深奥を測り知ることはむずかしい。ヒンドゥによれば、神はあらゆるものに浸透している宇宙の維持者、あらゆる存在の原因であるばかりでなく、父なる神、「母」、主なる神、友なる神、子なる神として、神の神聖な栄光を信者との親密な関係の中で具現する愛の神でもある。それどころか神はその人間存在の深奥から最愛の神との合一を憧れ希求する人間の魂の永遠の愛人としても具現する。この憧れはバクティあるいは、ナーラダの言い方なら、「言語を絶した[16]」神への心酔と名づけられ、「心身のあらゆる活動をすべて神に専念し[17]、神の臨在が忘れられた時には激しい苦悶《くもん》の感情が表れる状態を意味する[18]」

普通、信者は神を神聖なる主なる神、父なる神、「母」として崇拝する。神を永遠の愛人とする崇拝は、信者の能力を越えたものである。しかしそれにもかかわらず、次のような祝福された魂たちが存在する。彼らは、全力を投入しあらゆるものを受容する全面的な愛で、神に近づく能力適性をもっている。この愛はその一振りの内にその他のあらゆる崇拝の態度を包含しており、その他のあらゆる崇拝の態度の最高の実現と完成は、この愛に至ることなのである。シュリー・ヤームナーチャーリヤのハートから湧き出た次の祈りは非常に感動的である。

おお、主よ、まず第一に私の祈りを聞いてください。私は偽りを語らず、真実だけを話しています。おんみが私に慈悲を示してくださらないようなら、おんみはこれからさき私ほどおんみにふさわしい者を得ることがないでありましょう[19]。

おんみは父であり、母であり、夫であり、息子であります。おんみは親愛なる友人であり、親戚であり、先生であり、宇宙の目的であります。私はおんみ自身のものであり、おんみの召し使いであり、従者であります。おんみは私の唯一の避難所であります。私はおんみの内に避難しました、まことにまことに、おお主よ、私の重荷は完全におんみ次第でありますように[20]。

シュリー・チャイタンニャもまた並はずれた情熱的な愛で最愛の神に祈る。

おお、宇宙の主よ、私は美しい妻も詩の才能も望みません。おんみが、私の誕生の度ごとにおんみへの完全な無私の信仰を私に授けてくださることだけをお聞き入れくださいい[21]。

ヒンドゥの霊性の経験の、広大なひろがり

忘我的な愛の深みに陶酔することは魂をとりこにするほど、魅力的である。しかしこの狂喜陶酔がヒンドゥの信者の霊性の経験のすべてなのではない。人格神をも超人格神をも広大な広がりにおいて包括的に体験したいと思う霊性の非凡な力量のある魂たちが存在するのである。彼らの

霊性の意識は、制限され範囲を限定されるのを受け付けない。彼らは神に対するあらゆる態度を実践し、さまざまな神の現れをすべて体得する。彼らは最愛の神をさまざまな仕方で楽しむ。それだけではない、時には神の無限性を体得したいという燃えさかる渇望が彼らの心をとらえる。彼らは絶対者という深みに深く潜水し、超越的な実在・智識・至福の内に没入する。そして彼らが相対的な存在の次元に戻って来るとき、あらゆるものが神の無限性のさんぜんとした輝きを反映しているのを見る。ウパニシャドはそれを次のように述べている。

そこで輝いているのは、太陽ではない、月でも、星でもなく、電光でもましてや火でもない。あらゆるものは神の栄光の反射を受けて輝いているのである。この世界全体は神の御光によって輝きを得ているのである[22]。

神は内在者であるとともに超越者であること、神はあらゆる人間の内部にある根本原理であること、あらゆる多様さを内から統一している唯一者であることを悟って、彼らはあらゆるものを愛し、あらゆるものを礼拝し、あらゆるものを楽しむ。彼らは相対者と絶対者の両者に完全に精通し和合している。シュリー・シャンカラーチャーリヤが作詩した神を称《たた》える賛歌と賛辞の中に、私たちはこのあらゆるものを包み込んでいる霊性のヴィジョンをかいま見ることができる。この偉大な不二一元論者は、彼自身の魂の中はもとより、あらゆるものの背後に唯一者である真の実在を見る。彼はその唯一者を瞑想し、それがブラフマンそのものであることを悟る。

夜が明けるころ、私は私のハートの内で、自らさんぜんと輝くアートマンである実在・智識・至福という絶対者を瞑想する、それは覚醒、夢、夢なき睡眠といった人間の状態ではとらえられないところにあり、最も厳しい修行禁欲の目標であり、超越者にして永遠なるものである。私はまさにこの分割できないブラフマンそのものであり、決して分割できる要素の合成物ではない[23]。

真の見神者、シュリー・シャンカラは神についてのあらゆる概念の中に同一の神聖な根本原理を認める。彼はまたグルの内にも同じ永遠にして無限の唯一の存在者を認め、グルをも身を挺《てい》して礼拝する。

私はグルの内に具現している慈悲深い唯一の存在者を身を挺して礼拝します。グルは睡眠中の夢のような幻影の力によって、鏡の中に映って見える都会のようにありありと、「彼」自身の「自己」の中に存在している宇宙をみている。グルは、神の悟りの状態の中に、『彼」自身の「自己」

である第二者なき絶対的唯一者を悟る[24]。

シャンカラにとっては、シヴァ、ヴィシュヌ、その他のもろもろの男女の神々は、無限性に意味色合いを添える同一の無限者である。彼はシヴァに呼びかける、

至高のアートマンであり、唯一者であり、宇宙の始源的な唯一の種子であり、無欲にして形なきものであり、象徴聖音オームを通して悟られる御方であり、宇宙はそこから出現し、それによって維持され、そこへと解体される「そこ」であられる御方である、主を私は深く敬慕し礼拝します[25]。

深い信仰にあふれた感情で、彼はヴィシュヌに祈りを捧げる。

おお、あらゆるものに浸透している唯一者であられる主よ、おんみが私のうぬぼれを除き、心を静めてくださいますように。おんみが私から世俗という幻影を取り除いてくださいますように。おんみがあらゆるものに対する私の愛を強化し、私を世俗的な存在の海から救い出してくださいますように[26]。

彼は続けて祈る。

大洋に同化消滅するのは波であって、大洋が波に同化消滅するのではありません。だから、まことにまことに、おお主よ、あらゆる差異区別が取り除かれた時に、おんみに没入消滅するのは、私であって、おんみが私に没入消滅するのではありません[27]。

偉大な不二一元論者にして哲学者である彼の心が、「母」の愛の呼びかけに応答するさまは、最も恋情に満ちて優しい。彼は自らを普通の信者の立場に置き、非常に感動的に語り掛ける。

おお、「母」よ、この世にあっては、あなたの無数の立派な息子たちのまっただ中で、どうしたわけか、私はわからずやの見本です。おお、しかし、私を見捨てるのは、慈悲深い唯一者であられるあなたらしくありません。なぜなら、時には、間違って悪い息子が生まれることは有り得ましょうが、決して悪い母親はいたためしがないのですから[28]。

そして彼にとっては、「母」が唯一の避難所である。

おお、「母」よ、私は施しをしたことがありません。私は瞑想をしたこともありません。私は宗教上の儀式の手続きを守ったこともありません。私は聖なる神の御名を唱えたこともありません。私は礼拝したこともなければ、適切な祈りによって私の身体を清めたこともありません。おお、宇宙の母、おんみよ、あなたは私の唯一の避難所です。あなたは私の唯一の避難所です[29]。

しかし彼がこのように非常に情愛にあふれた感情を驚嘆せざるを得ない程に展開しているにもかかわらず、彼にとっては聖なる母はブラフマンそのものであり、人間的な人格の形姿は、「彼女」の反映物にすぎないのである。唯一の絶対意識を神と魂達に分けられたのは、「彼女」の遊戯なのである。そして彼が没入したいと思っているのは、「彼女」の存在そのものなのである。

おお、宇宙の母よ、いつになったら私の諸感覚は制御されるのでしょうか。いつになったら私は敵とか友とかいった次元を越えられるのでしょうか。いつになったら私は偽りとまやかしの希望から開放されるのでしょうか。いつになったら私の心そのものは、根本から打ち破られ乗り越えられるのでしょうか[30]。

実際に私たちがヒンドゥの賛歌や祈りを研究し、深く理解し、洞察するようになる時、ヴェーダのリシたちと同じく次のように私たちも宣言せざるを得ない。「真理はひとつ、聖者はそれをさまざまな名でよぶ〔31〕」と。それは次のシヴァマヒマ・ストートラムの有名な章句の中で非常に明瞭《めいりょう》素直に表現されている。

ヴェーダ、ヨガ派、シヴァ派、ヴィシュヌ派の聖典で規定されている、そこに至る道はさまざまである。ある人たちはそれらの中にある道に、また別の人たちはある別の道に専心する。信者達は各人の異なった気性性格に相応して、まっすぐな道であれ曲がった道であれ、各人にふさわしい道を行きます。しかしおお主よ、あらゆる河川の目標が大洋であるように、あらゆる人間の究極の目標は、おんみだけです〔32〕。

その時、すべての求道者にとって、どのような形式であれ、祈りが必要なものとなる。ある人は人格神ばかりでなく、無限者に対しても強い愛と憧れを感じることができる。それはその人の気質の問題にすぎない。バクタの祈りはより表情に富み情愛に満ちている。知識の探究者である、ギャーニーの祈りは言葉では表現されないかもしれない、彼は取り乱すことなく平静のままであるかもしれない。しかし彼の内的な深い沈黙それ自身が、一種の崇高な内的な祈りなのである。私たちは時々その同一の人物の内にこの二つの気分状態が交互に現れるのを見る。重要なことは、超意識的な悟りへの強い希求の念をもつということである。沈黙の祈りによって思慕の念を保持し続けることができない人は、既にのべたような言葉による祈りを助けにするとよい。

さらに付け加えれば、私たちの祈りは利己的であってはならない。私たちが私たち自身のために祈ると同じように、私たちは他者のためにもまた祈るべきである。あなたの身近にいるあなたにとって親しい人たちのために祈りなさい。それから、善良で霊性の悟りを求めて努力している人たちのために祈りなさい。最後に、あらゆる所の、あらゆる人の、あらゆる生きとし生けるもののために祈りなさい。よい祈りをあらゆる方向に送り出しなさい。あなたからあらゆる方向に平和と善意が放散するようにしなさい。

スワーミー・ヤティシュワラーナンダが彼の授業や講義の始まりにいつも朗唱していた祈りと瞑想のいくつかをここに挙げておく――編者。

私たちすべてのハートに住まい、あらゆるものに浸透し、至福そのものである神聖な至高の霊を身を挺《てい》して礼拝します。「彼」は、現在、過去、未来の主であります。「彼」を悟ることによって人は恐怖を越えて平安に到達します。「彼」は存在の至高の原理、至高の実在、至高の光、真なる自己であります。至福そのものであり、神聖な至高霊である「彼」から、私たちは生まれ、「彼」の内に生き、「彼」のもとに戻り帰ります。オーム、シャンティ、シャンティ、シャンティ。

さあ、心と体をゆったりとさせてしばらく静かに座りましょう。さあ、あらゆるものに浸透している霊である至高者を身を挺《てい》して礼拝しましょう。「彼」が私たちの理解を導いてくれますように。さあ、私たちがその教えを受けついでいる、偉大な教師たちと聖者たちすべてに身を挺して礼拝しましょう。真理を求める愛をあの方々が私たちに呼び起こしてくれますように。

至高の霊はあらゆる清らかさの源であります。さあ、清らかさの波動を呼吸しましょう、そしてその波動で私たちの不純なものを打ち壊してしまいましょう、それから清らかさの波動を吐き出しましょう。さあ今度は強さの波動を呼吸しましょう、そしてその波動で私たちのあらゆる弱さを打ち壊してしまいましょう、それから強さの波動を吐きだしましょう。さあ今度は平和の波動を呼吸しましょう、そしてその波動で私たちのあらゆる落ち着きのなさを打ち壊してしまいましょう、それから平和の波動を吐き出しましょう。私たちから清らかさと強さと平和の流れを東西南北に私たちのあらゆる同朋に送り出しましょう。私たちは私たち自身とも世界全体とも仲むつまじく平和であるようになりましょう。

さて今度は、あらゆる方面から、音やあらゆる悩み混乱から、私たちの心を引き離し、傍観者、観劇者の立場をとりましょう。私たちの内部で起こってくるあらゆる考えや心像や感情から心を引き離して無執着になりましょう。私たちははっきりと目をさましましょう。私たちの体は神聖な神殿であります。ハートという至聖所に私たちの意識を集中し、その至聖所では、私たちの魂は光の小さな球体となり、この光の小さな球体はまたあらゆるところで輝いている無限霊の一部分であると感じるようにしましょう。この無限の存在者は、太陽、月、もろもろの星や遊星の内に内在しています。この無限の至高霊はあらゆる存在者の内に輝いています。この至高霊は私たちの両眼、両耳などあらゆる感覚の内に内在しています。神聖な至高霊は私たちの心の中で輝いています。その神聖な至高霊は私たちのハートの内で輝いています。さあその至高霊との交流を感じとりましょう。

一元論者は至高霊をサット・チット・アーナンダすなわち実在・智識・至福として瞑想する。信者はその同一の存在者を、神の様々な形姿で、すなわち「父」、「母」、「友」、「愛人」として礼拝する。無限霊は崇高な男神あるいは女神として顕現する。それはいわば人類を祝福するために、神の化身という姿をとって地上に降りてこられることもある。私たちは瞑想のために私たちの意にかなう、いかなる主題を取り上げてもよい。しかし瞑想をする時、私たちは皆、礼拝される者と礼拝する者との両者が唯一のサチダーナンダすなわち実在・智識・至福の中に溺れるごとく、浸されていると感じるようにしよう。

一方において信者として、他方において神として顕現しているのは、実に唯一の無限の存在そのものである。私たちはハートの根底にある唯一至高の神との交流を感じるようになりましょう。そして神の臨在が私たちの神経を和らげ、私たちの心を静め、私たちのハートを平安にしてくれますように。神聖な至高霊が、私たちの理解を導き、私たちの意識を啓発してくれますように。

あらゆるものに浸透し至福そのものである至高霊を、私たちの意にかなういかなる形姿でしばらくのあいだ瞑想してもよい。しかし大事なことは、なんとしても私たちが神との交流を感じるようになることである。

あらゆるものに浸透し、至福そのものである、私たちの魂の根底にある唯一の至高の魂が、私たちのすべてを守ってくれますように。「彼」が私たちすべてを導いてくれますように、「彼」が私たちすべてを養い育ててくれますように、「彼」の恩寵によって私たちが学んだ教えが実を結び力を発揮できますように。平和と調和が私たちのすべての間にありつづけますように。

オーム、シャンティ、シャンティ、シャンティ。


おお主よ、私たちの霊性の道はすべて、河流のように、実在・智識・至福という唯一の大洋というおんみに向かって行きます。


おんみは私たちの魂の根底にある唯一至高の魂です。

おんみは私たちの「母」です。おんみは私たちの「父」です。おんみは私たちの「友」です。おんみは私たちの同朋たる神です。おんみは私たちの知識です。おんみは私たちの富です。おんみは私たちのすべてのすべてです。

私たちを非実在から実在に導きたまえ。私たちを闇から光に導きたまえ。私たちを死から不死へと導きたまえ。

私たちの魂を介して私たちの所に来てください、さらに、心を奮い立たせるおんみの臨在によって私たちを祝福してください。

私たちが私たちのハートの内におんみを見いだすことができますように。私たちがあらゆるものの内にましますおんみに奉仕できますように。

世界が平和でありますように。あらゆるものが危険にあわないですみますように。あらゆる人が善いものを見分けることができますように。あらゆる人が高貴な思いで動機づけられますように。あらゆるものがどこにおいても平和でありますように。オーム、シャンティ、シャンティ、シャンティ[＊2]。

[＊1] 第二次世界大戦のこと。この講演は一九四四年にフィラデルフィアでおこなわれた

[1] リグ・ヴェーダ、三・六二・一〇

[2] 協会訳、ラーマクリシュナの生涯下巻、二〇〇七年、四四一〜四四四頁

[3] バガヴァッド・ギーター、七・一六
[4] Sri Samkara, Sivaparadhaksamapana Stotram,13
[5] Isavasya Upanishad, 8
[6] Mahanarayana Upanisad, 12.16
[7] カタ・ウパニシャド、一・二一・二四
[8] リグ・ヴェーダ、二・二八・五
[9] Mahanarayana Upanisad, 1.11
[10] 同、1.12
[11] シュヴターシュヴァタラ・ウパニシャド、三・四
[12] バガヴァッド・ギーター、四・三六
[13] 同。一八・六六
[14] Sri Samkara, Sivaparadhaksamapana Stotram,16
[15] Swami Yatiswarananda, Universal Prayers, verse 252
[16] 協会訳、ナーラダ・バクティ・スートラ、二〇一五年、四・五一（協会訳では、番号五一のみ）
[17] 同、一・一九（協会訳では、番号一九のみ）
[18] 同、一・一九（協会訳では、番号一九のみ）

[19] Stotraratna, 50
[20] Stotraratna, 60
[21] Sri Caitanya, Siksastakam, 4
[22] ムンダカ・ウパニシャド、二・二・一〇
[23] Sri Samkara, Pratahsmarana Stotram
[24] Sri Samkara, Daksinamurti Stotram, 1
[25] Sri Samkara, Vedasara-Siva Stotram, 5
[26] Sri Samkara, Visnu-satpadi 1
[27] 同、verse 3
[28] Sri Samkara, Devyaparadhaksamapana Stotram, 3
[29] Sri Samkara, Bhavanyastakam, 3
[30] Sri Samkara, Devi-bhujangaprayata Stotram, 20
[31] リグ・ヴェーダ、一・一六四・四六
[32] Puspadanta, Sivamahimna Stotram, verse 7
[＊2] For more prayers, see Swami Yatiswarananda, Universal Prayers (Madras: Sri Ramakrishna math, 1974)

第二三章　神秘的礼拝

すべてを神に捧げよ

「世の人にとってもっとも好ましいものや、自分にとってとくにいとおしいものを、私に捧げなさい。そうすれば限りない功徳が生じる［1］」

礼拝は、神から受けとったものを用いて行うのである。礼拝に使う花や火を造ったのは私たちではない。こういうものは、私たちの手元にもたらされ、その使い方によって違いが生じるのである。信者は、自分のところに来たものをすべて主に捧げる。では、なにが面白くてそんなことをするのだろうか。こうすれば、たましいを広げることができるのである。神からいただいたものを神に捧げることで、自分自身がきよめられたと感じ、たましいが成長する。神の恵みに多くあずかるようになる。神が与えたものを自分自身のものと考えれば、それだけたましいは狭く鈍くなる。

どんなものでも神に捧げてよい。食べ物や新しい服や車など、手にいれたどんなものでもよい。使いはじめるまえに、まず心のなかで主に捧げなさい。サクラメント（秘跡）用品のように神聖なものとみなして、注意深く扱いなさい。そうすれば心がきよめられ、高められる。神のきよめる力はもっとも優れている。どんなものでも神と結び付けられれば神聖なものとなる。聖別されたものをとりあつかえば、自分自身も聖別され、きよめられる。私たちのアーシュラマ（僧院）では、新しい出版物や案内状は、まず聖堂に運ばれ、神に捧げられてからでないと、配布はされない。これはよい習慣であり、買ったものすべてについて各自が自分の家で実行できる。

この行為そのものは偉大な事とはいえないだろう。しかし、ささいなことであっても、この種のおこない、つまり神へのわずかな捧げものが何百回となされれば、何年かのちには、こういうことすべての積み重なった結果は、本当にすごいものになる。だんだんと放棄と離欲の精神が宿るようになるだろう。実際、放棄と離欲を得るのにほかの道はない。神に任せきること、清らかになることは、急にはできない。こうしたことは、何百回というわずかなおこないがつもりつもった結果なのである。

信愛を旨とする宗派、とくにヴィシュヌ派では、修行者と貧しい人びとへの奉仕を非常に強調する。奉仕は宗教生活のなかで重要なものである。神にすべてを捧げてから自分で使うのは疑いなくよいことである。こうすれば神との結びつきが得られる。しかし、その誠意はなにで確かめられるのだろうか、どうしたらわかるのだろうか。なんでも犠牲にする覚悟があるかどうか、これが唯一の試金石である。すべてを神のために犠牲にする覚悟ができていなければならないのだ。

犠牲の精神を養うには奉仕をするのがいちばんよい。奉仕は当然ある種の犠牲をともなっている。飢えた人がやってきたら食べ物を分けてあげなさい。貧しい人がやってきたら富を分けあたえなさい。同じように、病人や無学な人や苦しんでいる人に奉仕するために、自分の時間や楽しみや活力などを犠牲にしなければならない。だれもがみな神の宮なのだと思いなさい。人に奉仕すれば、主を礼拝することになるのである。これは、スワーミー・ヴィヴェーカーナンダの働きの哲学の背後にある、偉大な思想である。貧しく飢えている人に霊性について語っても無益である。その人にはまず食べ物を与えなくてはならない。こういうやりかたでも主を礼拝することができるのである。花や香を捧げることだけが礼拝の方法ではない。

私たちは総合的なものの見方を育て、視野をもっと広げなくてはならない。私たちの限られた存在、限られた意識、限られた喜びの背後には、分かつことのできないひとつの無限の存在があり、すべての人ひとりひとりを通してみずからを現している。この存在にすべてを捧げるのが最高の礼拝の方法である。もしこの形の礼拝をすることができるのなら、程度が低い礼拝で満足していることはないではないか。

ウパーサナーすなわち心の礼拝

有形物を用いた礼拝のほかに、別種の礼拝、つまり心の礼拝がある。これは実際もっと高級な礼拝方法である。サンスクリット語でウパーサナーといい、文字どおりには「(神の) 近くにすわる」という意味であるが、実際には神の「瞑想」または「観想」を意味する。この種の心の礼拝は、ヴェーダーンタの二元論と制限不二一元論の体系ではおもな霊的修行である。こういう体系では、神と個我をふたつの別々の実体とみなしている。礼拝者は、この二つの実体をたがいに親密なものにすることで結びつけようとつとめる。しかし、この二つの区別は決して完全にはなくならない。はじめ信者は召し使いで、神は主人である。進んだ段階では、信者はたましいとして、神はすべてのたましいのたましいとして、区別はそのまま残っている。こうした態度は、不二一元論すなわちアドヴァイタへ到達するための踏み台として役立つだろう。

形のない神にひきつけられる性質の人にとって、ブラフマンすなわち至高霊は海であり、個々のたましいは波であると考えるのは、はじめのうちは助けになるだろう。個々のたましいの「自我」は、至高霊とは別に存在しているが、実際には小宇宙の大宇宙に対する関係と同じ関係において存在しているにすぎない。波を常に瞑想するかわりに、海に心を集中しなさい。波は水という元素からなっている。水は、ここで海といっている巨大なかたまりであり、同時に、ここで波といっているもっと小さな実体でもある。修行の道で進歩すれば、求道者はついには、水だけが実在で、波は実在しないということがわかる。個人と宇宙、小宇宙と大宇宙の区別はなくなり、絶対者、第二のもののない一者だけが残るのである。

しかしながら、こういうことはすべて、大部分の人にとってはなしとげるのが非常に困難であり、たいてい瞑想にはある種の礼拝の対象となるような、象徴が必要である。そうでないと心はさまよい歩く。集中を容易にするために、なんらかの神聖な対象が選ばれる。あるものを神の象徴とみなしておこなうこの種の礼拝は、人格神の信者はもちろん、超人格的存在を瞑想する人にも共通のものである。象徴を神だとおもって礼拝するのではない。象徴をとおして、神を礼拝するのである。神とは定義〔2〕によれば、すべてのものを生みだし、保持し、すべてのものが帰っていく至高霊である。だから、どんなものでも一応は神の象徴とすることができる。しかし世界の諸宗教では、太古の昔からある一定の象徴をとくに神聖なものとしてつたえてきた。

太陽はすぐれた神の象徴であり、宇宙のエネルギーの源、光と熱を表していて、太陽礼拝はかつて世界中で広くおこなわれてきた。ヒンドゥ教徒とゾロアスター教徒は火を神として礼拝する。ヴェーダによれば、アグニ（火）は死すべきもののなかに住居を定めた不死のものであり、また「神々の口」であって、この口を通してほかの神々は供物を受けるという。しかし、象徴は神そのものではないということをつねに心に留めておかなければならない。瞑想においては、単なる火や太陽をこえて、永遠の光そのものを見るようにしなければならない。象徴はその現れにすぎないのである。

シュリー・ラーマクリシュナの弟子のなかでも最大級の弟子であったスワーミー・ブラフマー

ナンダは次のようにいっている。

人びとはそれぞれ気質がちがっており、したがってさまざまの礼拝の方法を好む。すべての人の要求に応じるために、諸聖典は、四つの異なる礼拝方法を指示している。一つの方法は、神像または象徴の中に現れている神を儀式によって礼拝するものである。これより高いのは、祈りとジャパをもってする、神の礼拝である。この方法によって求道者は、かれ自身のハートの内にイシュタの光り輝く姿を念じ、御名をとなえ、また瞑想するのである。更にもっと高いのは瞑想だ。人がこの方法の礼拝を行うなら時、かれは神に向かう思いの不断の流れを保ち続け、かれのイシュタの生きた存在の中に没入する。祈りとジャパは超越してしまうが、それでも二元性の感じは残っている。最高の礼拝の方法は、アートマンとブラフマンの一体性の瞑想である。これは直ちに、神に達する。求道者はブラフマンを経験する。かれは神が在ることを知る。それは、普遍の実在の真の自覚である。これらは、求道者が昇って行くいくつかの段階である。人が各自の霊性の旅を、いま自分がいるその場所から出発する、ということは絶対に重要なことである[3]。

次にあげるのはサンスクリット語の有名な詩句である。

最高はブラフマンを実際に経験すること。瞑想はその次。賛歌とジャパはそれより劣り、(神像などを用いた)外面的礼拝はもっとも劣っている[4]。

ほかの詩句によれば、

第一段階は神像の礼拝。ジャパと賛歌などはその上。それより高級なのはディヤーナすなわち瞑想。そして最後の最高の状態は、「私は『彼』である」とさとること[5]。

さらにほかの詩句では、

再生族[二]の祭官は火のなかに神を礼拝する。瞑想する人は神を内在する霊としてあがめる。頭が鈍い人は神像の助けをかりて神を礼拝する。悟りを開いた人はあらゆるところに神をみる[6]。

進歩したたましいは外的な象徴を求めない。自分の胸の中に宿る内在のものとして神を瞑想するのである。理解力の鈍い人は、神像の助けをかりて神を礼拝することで、はじめて信仰生活をはじめることができる。こういう人にとって神像は信仰をひっかけておく掛けくぎなのである。これに対して、悟った人にはどんな象徴も必要ではない。神の霊を自分の内にも外にも認め、神が内在すると同時に超越していることを知っているからである。

絶対者、第二のもののない「一者」に没入することは、アドヴァイタの霊的修行の目標である。この状態は、自分の思考と経験を妥協せずに分析し、つねに変化している現象世界の不変の原理、究極の実在を探求することで到達できる。この方法を実践する人は完全にきよまっているのだから、たましいを限定する付加物をすべて否定し、そうすることで究極の実在に到達する。この方法は、ニディディヤーサナといい、一種の内観、すなわち自己の存在の深みを探求することである。

個我と至高霊が一体であることをさとるために、力のやや劣る求道者はアハングラハ・ウパーサナーを実践する。この礼拝方法では、礼拝者は、自分を礼拝の対象――神またはブラフマンあるいはある特定の神格――と同じものとみて、自分の「自己」を瞑想する。礼拝者と礼拝対象を同じとみる瞑想をおこなえば、第二のもののない「一者」をさとるのである。

象徴による礼拝

この方法もむずかしい、と思う人のために、プラティーコーパーサナー（プラティーカ・ウパーサナー）すなわちある適切な象徴の助けをかりた礼拝が定められている。神を、その象徴としてでなく、象徴をとおして礼拝するのである。そのねらいは、有限の象徴なかに、名まえと形の制約すべてをこえて遍満する霊の現存をさとることである。「ブラフマンそのものが礼拝の対象であるうちは、プラティーカはブラフマンの代用品か暗示物にとどまっているにすぎない[7]」とスワーミー・ヴィヴェーカーナンダはいっている。プラティーカは、礼拝者の心、知性、たましいなどのような内面的なものでもよいし、太陽、アーカーシャ（虚空）、アグニ（火）、「オーム」のような音の象徴などのような外的なものでもよい。正しく瞑想をおこなえば、存在の内も外もこえて遍満する同一の霊をついには悟る。

以上に述べた礼拝の象徴さえも抽象的すぎて理解しにくいと思う人は、プラティマーすなわち人の形をとった像を用いて礼拝をはじめるべきである。しかしここでも、神像は、イーシュワラすなわち最高霊の象徴として礼拝するのだということをはっきり理解していなくてはならない。スワーミー・ヴィヴェーカーナンダがいうように、「像がある神格や聖者を現しているのなら、その礼拝では解脱を得ることはない。しかし、唯一の最高神を現しているのなら、その礼拝でバクティ（信愛）とムクティ（解脱）を得るだろう[8]」からである。

インドでは、ドゥルガーやガネーシャの年ごとの礼拝に土でできた神像を用いる。祭りは神像を川や湖に沈めて終わる。モトゥルは、ドッキネッショルにあるカーリーの大寺院を建てたラーニー・ラスモニの義理の息子であったが、ドゥルガーの年祭が終わったあと、神像を手放したくないと思ったことがあった。神像のことを思うとモトゥルのこころは乱れた。大変な信愛の念で数日間礼拝してきたのに、川に投げ入れられてしまうのである。モトゥルは、だれも神像を動かしてはいけないと命じ、すねている子供のように神像のそばから離れなかった。モトゥルの身内や神職がシュリー・ラーマクリシュナに助けを求めにいった。そこでシュリー・ラーマクリシュナがやってきてモトゥルに尋ねた。「『母』は神像のなかにしかいないのかい。『母』をおまえの胸の中にすまわせたらどうだい。おまえの胸の中は変わることのない『母』のすみかなんだよ。だから『母』のこの土の像はすててしまいなさい」母なる神が永遠に自分の胸に中に宿っているという考えがわかってくると、モトゥルはすぐにいつもの自分にもどり、神像を川に沈める儀式はつつがなくとりおこなわれた[9]。このちょっとした出来事から、ヒンドゥ教の神像礼拝の精神が明らかになるのである。

神はひとつだが、そのすがたはたくさんある。その全部を栄光のままに礼拝することは私たちにはできないので、主のすがたのいずれかを取り上げるのである。しかし、シヴァやヴィシュヌやシャクティなどの人格的なすがたのいずれかによって神に近づこうとするにしても、さまざまな象徴の助けが必要である。これには、物質的なもの、ことばによるもの、心理的なものなどがあるが、そのうちひとつだけを取り上げてもいいし、組み合わせて用いてもかまわない。ただし象徴は究極の実在ではない。連想によって主を思い起こす、手段にすぎないのである。

霊的生活の初心者は、ある神の像やヤントラ（理想神を現している幾何学図形）というかたちをとった物質的な象徴の助けがいるだろう。進歩すれば、物質的なものの助けはなしで済ませ、音の象徴を使って神聖な理念を呼び起こせるようになる。もっと進めば、物質的な象徴も音の象徴も使わず、思考の段階で声を出さず静かに純粋な心の礼拝をはじめてもよい。そしてこれすらも、やめることができるが、それは、神を思っただけで、自分の自己を塩の人形のように無限の実在の大海に消し去ることができたときである。このときには、礼拝者と礼拝対象の区別は完全に消えてなくなるのである。

私たちの視覚は限られている。見るものはすべてこの限定のためにゆがめられている。私たちが見るのは光そのものではなく、反映にすぎない。それもある範囲内のことである。理解力もまた限られている。究極の実在を直接理解することはできない。なにかを知るといっても、それは、私たちの心という限定的付加物（ウパーディ）を通して、シャンカラーチャーリヤがカーラ（時間）、デーシャ（空間）、ニミッタ（原因）と呼んだものを媒介として、知るにすぎない。知覚はすべて、心や心の起こす波や心像のためにゆがめられている。つまり、私たちは象徴の領域に縛りつけられていて、その象徴は真理を指し示していると同時に、真理を隠しているのである。

しかし、ここで思いおこさなくてはならないのは、象徴にもいろいろあって、本物も偽物もあるということである。蜃気楼《しんきろう》では、水があるようにみえるが、それは見せかけのことで、水にはまったく関係がない。ところが、波は、本物の海の象徴と認めてよい。波は、海から起こり、海とつながっていて、海にとけ込むからである。波は海と同じように水という物質でできているのである。

さらに、象徴には程度の違いがある。単語を表す文字は音声による名の象徴である。つぎに名は心像の象徴であり、心像そのものは考える過程の象徴である。思考も、実在を表現しようとしてその象徴となるが、それでも、右に述べたような間接的なやり方で表現できるだけである。実在とその表現とのあいだには、多数の象徴的過程がある。この深い神秘をインドではるか昔に理解していた。インドでいろいろな種類の象徴を用いた礼拝を認め育ててきたのは、こういうわけがあったのである。悟りを開いた人は、中間にある媒介物をすべて通り抜けて、実在の本質そのものに深く入り込んだ。そして、それほどの能力をもたない求道者が自分たちのあとをたどれるように、足跡を残したのである。

ヒンドゥ教では、象徴も神的人格の礼拝もその範囲は膨大なので、ここでは、そのうちの一部だけを紹介することにする。ヴェーダの時代から現代にいたるまで、なんらかのかたちで神を悟るために、象徴や神的人格を仲立ちとして、礼拝や瞑想が行われてきたのである。

ヒンドゥ教の宗教的象徴

シヴァは、神像かリンガというかたちで礼拝されている。リンガは、もともとの意味はどうあれ、シヴァを礼拝する人に男根を連想させるようなことはまったくない。シヴァ礼拝者にとってリンガは、至高霊の、人格化されていない象徴であり、至高霊はさまざまなかたちのなかに現れてはいても、そういうものすべてを超えているのである。タントラ派の信者はリンガを神の男女両性的な創造力の象徴と考えている。シャーラグラーマシーラーは、人格化されていないもうひとつの象徴で、ヴィシュヌを表している。ヴィシュヌは、四本の腕にそれぞれホラ貝と円盤と棍棒と蓮華を持っているすがたか、ラーマやクリシュナなどの化身のすがたで礼拝されることが多い。タントラの信者、あるいはほかの者も、神をヤントラという幾何学図形で礼拝することがある。ヤントラは神的存在の神秘的な身体を象徴している。また、パタという二次元の絵（ギリシャ正教会の「イコン」にあたる）が、神を招請する立体的な神像のかわりに、象徴の役目をすることもある。神秘的礼拝のなかには、水を満たしたガタ（つぼ）を用いるものが多く、単独で使うこともあるし、ほかの形式に加えて使うこともあり、かたちのない遍満する至高霊を象徴している。アグニすなわち火もほかの形式のかわりをすることがある。燃えている火を神の身体とみなし、供物を火のなかに投じて礼拝するのである。

洗練された礼拝儀式では、オームのようなマントラか神の名が象徴の役目を果たす。マントラの文字通りの意味は、「繰り返し唱え念じれば、たましいを束縛から解放する音の象徴[10]」である。音の象徴としてオームは不可分の（アカンダ）ブラフマンを表している。ほかのマントラや神神格の名は、同じ実在のさまざまに分かれた（カンダ）面を表している。タントラのさまざまな神格には特有のビージャ（種子）・マントラが割りあてられており、このビージャ・マントラの力によって、マントラに応じた神のすがたや現れが瞑想中の信者の前にあらわれると信じられている。

神の神聖な名は、神の力が音としてあらわれたもので、その力は、ジャパすなわちそのことばを繰り返すことと、その意味を瞑想することで呼びさまされる。シュリー・チャイタンニャは、「御名はさまざまで、おお主よ、おんみは、そのひとつひとつにご自身の力のすべてをそそぎ込まれました[11]」といっている。神のたくさんの名は、神のさまざまの面を象徴していて、ジャパによってそうしたさまざまな面を悟ることができる。同一の神に対して数多くの名を用いることは、ヴェーダの時代からおこなわれてきたのである。

キリストやチャイタンニャやラーマクリシュナのような人の生涯を調べてみれば、こういう人たちすべてにとって神は至高の実在であったことがわかる。神は、こうした人物の人生の中心的な目的であり、ほかのものはすべてこれに付随したものだったのである。神の象徴ならなにを取り上げてもよい、神とのどんな関係でもよい――自分の父親、母親、子ども、友だち、恋人などと見なしてもよい――、ただし神は自分にもっとも近いもの、最愛のものだとつねに思っていなさい。次にあげる有名な詩節にうたわれているような熱烈な愛がいちばん大切なのである。

おんみこそわが父にして母、
おんみこそわが身内にして友、
おんみこそわが知識にして富、
おんみこそわがすべてのすべて[12]。

礼拝による霊的進歩

霊的に十分成長するまえに礼拝儀式をやめてしまう人がいる。これは大きな間違いである。神像礼拝の段階を卒業するまえに神像の礼拝をやめてしまうのが誤りなのとまったく同じである。神像を礼拝する人を非難してはいけない。神像礼拝には深い真実があるのであって、プロテスタントがこれを否定するのはまったくの間違いである。霊的伝統と霊的生活のことを何も知らないのだ。神像には、主観的なだけでなく客観的な霊の現れがある。この考えは、ローマ・カトリック教会の聖像礼拝の背景でもある。ただし、こういう礼拝方法は何世紀ものあいだに神学者の手でゆがめられてしまった。大部分の人にとって、物質的なものであれ心理的なものであれ、何らかの聖像を礼拝するのは絶対に必要で、そうしなければ、単に理屈をこねるだけになってしまって、本当の成長は望めない。

しかし、生涯神像だけを礼拝しつづけるのだとしたら、何か重大な誤りがあるのだ。サーダナ（修行）の結果として霊的進歩をとげているかどうか常に確かめてみるべきである。外面的な礼拝は、はじめのうちは役に立つだろう。偉大な儀式主義者であり、儀式に大きな喜びをおぼえる人もいる。しかし、外面的な礼拝だけに一生を費やすようなことはすべきではない。外面的な礼拝によって、いつかは内面的な礼拝に導かれるのだ。ジャコウジカのようではいけない。ジャコウジカは、自分の腹部からじゃ香の香りを放っているというのに、甘い香りの出どころを見つけようとして走り回って、ついには倒れて死んでしまう。さがし求めている神は永遠に自分の胸の中に宿っているというのに、神を自分の外に見いだそうとするのは、これと同じではないか。

私たちはいつも自分の神または神々を造っている。神、マハーデーヴァ（大神、シヴァのこと）の像を造ろうとしている。そして結局できあがるのは醜いサルである。正しい思想を知らず、またその思想を人生に適用する仕方を知らなければ、すべてのものは醜いサルになる。こういう危険があるのだ。

救いに到達しようとする人にとって神像の礼拝は障害物であり、再生をもたらす。だから放棄の人は自らの胸の中に宿る神を礼拝するべきである。外面的な礼拝はすべて捨て去らなければならない[13]。

これは霊的に進歩した修行者のことをいっているのだ。だれもが神像の礼拝をやめて、直ちに形のない絶対者の瞑想からはじめるべきだといっているのではない。いちばん大事な点は、神を、自分の魂の中に、自分の胸の奥底にさがし求めるということだ。霊的生活はちょうど階段のようなものだ。一歩一歩のぼっていかなければならない。まず自分がどの段階にいるのかを知るべきである。そうでなければ進歩はありえない。外面的な礼拝や寺院に行くことなどからはじめてかまわない。しかし、ますます内側に向かっていって、神の本当の住みか、自分の魂の中に神をさがし求めるようにならなければいけない。

神の宮としての体

「体は神の宮だ」と小ウパニシャドのひとつにある[14]。カタ・ウパニシャドではこの思想を魅力的な比喩で表現している。「『自己』は馬車の主人であり、体はまさに馬車であると知れ[15]」。火や水という元素の中や、植物や動物、土や石や金属の像の中に神を礼拝するかわりに、人間の体という像の中に神を礼拝しなさい。体を、神殿か馬車、または私たちすべての胸の中に宿って輝いている神の家とみなすのだ。小宇宙に遍満する神の礼拝をとおして、大宇宙の神も知るようになる。小宇宙は大宇宙のミニチュア模型なのだから。

しかしもし、神である第一原理より、象徴や形や人格が重要なものになってしまったら、そのときにはこの礼拝の霊的価値はすべて失われてしまう。だから、礼拝や祈りから利益を得るためには、正しい気分や心構えを養う必要がある。これなしでは霊的進歩はまったく不可能なのだ。しかし正しい気分はどうやって作り出すのか。タントラの書物によれば、このためには、自分の中の霊的可能性を段階的に実現していくことで程度の低いほうの思いを制御していけばいい。種々の段階の思いは、ヨーガで説く脊髄の六つの中心と頭の中にある七番目の中心につながっていて、階段でつながっている建物のそれぞれの階にたとえられる。この中心は、われわれとさまざまな段階の意識の接触点のようなものだ。

こういう霊的修行の道、つまり意識をひとつの中心から別の中心にまで高めて、最高の段階にまでもっていこうとする方法は非常に難しいものだ。しかし修行者は皆、瞑想の道をたどろうとおもうならば、「意志の焦点」つまり意識の中心を少なくとも心臓のあたりにある中心にまで引き上げなくてはならない。この中心はまた「内的空間」にたとえてもいいだろう。意識の中心を胸に置くほうがやさしいと思う人もいるし、額に置くほうがいいとおもう人もいる。

どんな象徴にも像にもひきつけられない人は、意識のもっと高い中心つまり段階で、個人のなかだけでなく人間と物を含んだ全宇宙にも浸透している神の「光」を瞑想すればいい。しかし、形なしではやっていけない修行者は、光り輝くある形の瞑想を続けていってもいい。ついには形のない光明、つまりすべてのものを照らす至高の光を瞑想するにいたるだろう。

魂は原因体に覆われている。つぎに原因体は心の体に覆われ、心の体は肉体に覆われている。この三つの体――原因体・心の体・肉体――はすべてけがされている。原因体は根源的な無知（無明）にけがされている。心の体はわれわれの性向と感情にけがされている。肉体は、心の体と同じように、利己的な欲望をもった不調和な自我にけがされている。調和を欠いた自我は心を病気にする。病気の心は感覚に影響をあたえ、こういう心と感覚はともに身体の機能を乱す。この事実は今日の心理学によって毎日証明されている。しかし、この不調和な状態には治療法がある。粗大な体も精妙な体もすべて、その出どころである万物の源に連れ戻しなさい。われわれは神のなかに生きていて、神はわれわれのなかに生きている、という最高の事実をわれわれは忘れている。われわれ自身も含めてすべてのものは、神である第一原理と結びつけられなければならない。

自分自身や自分の感覚の働きについて、私たちはほんの少ししか知らない。たとえば、低いレベルで生きているときは、肉体の感覚が自分だとおもっている。しかし霊的に目覚めていけば、高いほうの意識の中心が強められて低いほうの中心を制御できるようになる。意識の中心はさまざまだが、瞑想によって、低いほうから高いほうの中心へと進んでいって、ついには個人の魂が大霊と一体になる。これには修行をたくさんしなくてはいけないが、意識はゆっくりと高められていくものなのだ。意識の流れをはっきりと保って意志を働かせることで、意識のレベルがあがっていき、ついには最高の実在をかいま見て、一瞬、至高霊とわかちがたく結びつく。このとき、あの神の霊の幾分かが自分に内在しているとわかるのだ。もし神の霊が自分の内にも外にもつねに現存しているのが感じられるなら、新しい力に満たされるだろう。生活と奉仕の質も変わるだろう。人や自分に対する態度も別のものになるだろう。

ひたすら意志を働かせるこういう方式で、この超意識状態に達して、我を捨て去り、感覚を超えることができる人はごくわずかしかいない。しかし、神が遍在することは、ジャパと瞑想によって確かに悟ることができるのだ。

ジャパ――神秘的礼拝の最良の方法

礼拝には三つの方法がある。身体を使う外面的礼拝と、ことばによる賛歌と祈り、心で行う瞑想の三つである。この中で、最初のものは、聖典の命令に従った祭祀や儀式から成っていて、普通の個人の生活ではほとんどすたれている。これはおもに、社会的な生活がきびしかったり、暇な時間がなかったり、ほかにも現代の生活では不便なことがあるからだ。この時代の傾向に注目して、プラーナの著者たちは、ことばによる礼拝と心の礼拝――さらにそのうちでも、とくにことばによる礼拝を非常に強調している。

ことばによる礼拝とは、ただ一つの御名かたくさんの御名、それに神の属性を唱えることだといえる。前者をジャパといい、後者をストートラまたはキールタナというが、一般にはひとまとめに扱われている。

「真理の探究者は、ジャパだけで最高の目的に到達する[16]」とマヌは言っている。そしてマハーバーラタでは、「ジャパは最高の霊的修行である」とはっきり述べてある。バーガヴァタでは、この見解を心から支持して、つぎのように言っている。「サティヤ・ユガでは瞑想によって、トレーター・ユガでは犠牲供養をおこなうことで、ドワーパラ・ユガでは礼拝によって得たものを、カリ・ユガでは主の御名を唱えることで得ることができるだろう[17]」。そしてこの唱名すなわちジャパには、神の属性を思うことも含まれている。この意味は、修行者は唱名と同時に、神聖な姿――ふつうには自分の好みの神つまりイシュタ・デーヴァター（理想神）の姿――を思い描くか、神の愛や慈悲、力、きよらかさなどの神聖な特質について考えるかのどちらかをしなければならない、ということだ。修行者の大多数は、理想神の姿を思い描くほうがやさしいと感じるものだ。

神の姿を思い描く視覚化（バーヴァナー）とは、愛と敬意をもって神の像を思い出すことで、それ自体が高級な心の礼拝（マーナサ・プージャー）である。これは、ジャパとともに、こんにちもっとも人気があって流布している神秘的礼拝の方法である。視覚化は、初心者の霊的生活の非常に重要な部分を占めている。ジャパと視覚化は手に手をとって進まなければいけない。神聖な姿は、光り輝き至福に満ちた、本物の生きたものとして思い浮かべなければならない。自分の身体が光り輝いていると考えて、そのつぎに、理想神の光り輝く姿を、心臓のあたりにある光り輝く中心に置きなさい。

ここで、この種の視覚化の方法を述べよう。正しい姿勢ですわったらすぐに信者は合掌してつぎのように言いなさい。「けがれていようといまいと、どんな状態であっても、主を思い出す者は内も外も清められる[18]」。そして身も心も清められたと感じなさい。つぎに、個人の魂が、身体の低いほうの中心から頭にある中心へのぼっていって、そこで宇宙霊の光と合一していくのを想像するのだ。さらに、粗大な体と精妙な体が両方とも、すべてのものやイメージとともに絶対者の光のなかにとけ込んで、いまや内も外もいたるところ絶対者の光だけが輝いていると想像しなさい。ほとんどの人はこの状態に長くとどまることはできない。つぎに、信者は心臓のあたりにある中心に意識を集中して、その中心に、絶対者の光の海からあらわれでた自分の理想神のまばゆいばかりの神聖な姿と、さまざまなけがれがなくなって霊化された礼拝者自身の姿を思い浮かべなさい。修行者は、新しい精妙な霊の体を自分自身と見なして、しばらくのあいだ神の御名をくりかえしながら、理想神を礼拝し瞑想しなさい。ただし、形のない絶対者を見失ってはいけない。絶対者は、この神の姿と礼拝者の新しい霊の体の両方をささえながら浸透しているのだ。最後に、信者は自分のすべてを神にまかせて、つぎの祈りを唱えなさい。

生命力や知性や体の衝動にかられて、目覚めているとき、夢を見ているとき、熟睡していると

きに、思いやことばや行動で、さまざまな体の器官によって、私がどんな罪を犯しても、その
すべてはブラフマンへの捧げものとなりますように[19]。

右に述べたジャパと瞑想を終えたあとでも、信者は、この高められた気分のままでいるように
つねに努力して、自分の意識の中心からはなれないようにしていなさい。修行者には必ず、つぎ
の三つのものがなくてはならない。はっきりした意識の中心と、あるきまった御名（マントラ）と、
神の姿である。成果をあげるためには、視覚化とジャパは非常に熱心に行わなければいけない。

物質的なことと同じように、霊的な事柄においても、考えや行動が完全にはっきりしていて
確固としたものでなければならない。この厳格な規則と瞑想の方法すべてを好まない人もいる
ようだ。普通、こういうことを好まないのは内面の不安と反抗のしるしである。はじめのうちは、
なんらかの確かな規則や手順なしには、だれも霊的生活をつづけることはできない。氷の上で
危険の多いフリースケーティングにとりかかるまえに、規定どおりのフィギュアスケートの練
習をしている人を見たことがある。これと同じように、霊的生活でも、まず定められた瞑想の
規則にそってはじめなければならない。そのあとでなら、こういう規則のとおりにしなくても
かまわない。

神聖な人格の必要性

いともかんたんに現代人は、「ああ、神はどこにでもいる」と言うが、いざ、神が実際にはどんなものかを考えようとすると、はっきりした考えなどなにもないのがわかるのだ。こういう人たちのほとんどは、あいまいで漠然とした神のイメージしかもっていない。いわゆる形のない神を礼拝しているという人は、教会から家に帰れば、ただ自分の肉体とそれの利害関係に忙殺されているだけだ。この人は、至高霊のレベルにのぼることなどできないし、無限の抽象的実在についてたくさんしゃべりはするが、この実在となんの関係ももつことはできない。肉体意識が強く、自分の人格が唯一の現実だと思っているうちは、霊的修行と成長には神聖な人格が必要なのだ。

絶対者は、低い段階では抽象的なものになってしまうが、高い境地では現実のものなのだ。ふだんのように、姿形や人格という低い次元にとどまっていては、心に生まれるどんな悪い思いや好ましくない考えも抑えることはできない。抽象的な観念ではどうにもならないのだ。こういうものを抑えるためには、これと反対の善い神聖な心像や思いをいだけるようでなければならない。ここに、自分の最高の理想が実現したものとしての神聖な人格が必要になる。自分たちの姿形が現実のものだと思っているうちは、はっきりした神聖な形が必要なのだ。しかし同時に、その形と、形のない存在とのつながりを見いだせなければいけない。形は形のない存在のあらわれにすぎない。この神聖な人格は、万物の背後にある形のない第一原理のあらわれなのだ。

神聖な人格は、有限なものと無限の絶対者をつなぐ役割をはたしてくれる。そして、こういうふうに理解すれば、頭も心も満足する。知性は無限の存在を求めるが、気持ちは有限なものを求める。そして、神聖な人格には、その両方を見いだすことができる。ただし、その人格を正しく理解しなければならない。つまり、その人格は、第一原理のあらわれであって、つねに第一原理を自覚している、と理解するのである。

この神聖な姿を思い起こすときに、音の象徴「オーム」の助けをかりてもいい。そしてこの音の象徴は、はじめのうちは、この姿に関連して使われるかもしれないが、のちには形のない存在とも結びつけられるだろう。しかしふつうは、マントラといわれる一種のきまり文句が、資格のあるグルから授けられて、使われる。修行者はそのグルとマントラに対する信仰がなければいけない。ジャパをしているとき信者は、神聖な御名を繰り返しながら、イシュタの姿か、この音の象徴が示している形のない存在のことを思わなければいけない。無限の意識（絶対者）は、私たちの全存在、いやそれどころか、全宇宙に浸透し、さらにはそれも超えて存在していて、さえぎるものは何もない。意識の中心は、この無限の意識の一部なのだ。まずは、音と思考があい伴っていく。つぎに、音は神聖な理念と無限の意識にとけ込んでいく。修行を続けていくうちに、こういうことすべてがどういうことなのかますますわかってくるだろう。

神に近づく道はひとつではない。私たちはキリストも受け入れる。しかし、知ってのとおり、シュリー・ラーマクリシュナの信奉者として、キリストは神の化身のひとりだと見なすのであって、キリスト教徒が信じているようにただひとりの化身だと考えるわけではない。自分たちを含めたこの全宇宙は神のあらわれであるが、平凡で不完全なあらわれである。しかし、キリストやブッダやラーマクリシュナは皆、私たちが考えるところでは、永遠のロゴス、つまりヴェーダや聖書にある永遠の「ことば」の完全な特別のあらわれである。この考えは、東洋人にも西洋人にも共通している。こういう完全なあらわれは、不完全なあらわれに光と真理を示すためのものである。ロゴスすなわち「ことば」は人格をこえたただひとつの事実である。粗大なレベルにあらわれるときには、人格をもつ人間の姿をとるのだ。こういうあらわれはたくさんあっても、そのもとはひとつである。この非常に偉大なあらわれをすべてみとめてもいいし、その中のひとつかそれ以上を受け入れるのでもいい。けれども、私たちは皆、世の人びとのために時々みずから化身してあらわれる永遠の一者に誠実でなければいけない。

もし、神聖な人格が、その背後にある第一原理とは別個のものとして心に訴えるなら、その人格を礼拝し瞑想してもいい。しかし、これはあくまで、第一原理を悟るまでの手段でなければならない。絶対者——礼拝者が瞑想しようとつとめている人格をこえた存在——がその人格としてあらわれているのであり、その絶対者は超越しつつ内在しているのだ、ということを、やがては絶対者みずからが明かしてくれるだろう。そして絶対者を、その完全なあらわれのなかにだけでなく、あらゆる不完全なあらわれのなかにも、つまり、偉大な預言者の中にだけでなく、ふつうの人びとのなかにも認めなくてはいけない。このことは洋の東西を問わない。神はすべての制約を超えているのだから。

音は神性の象徴で、姿形また神性の象徴である。両方の象徴の助けをかりて、私たちは神の意識をよびさます。神聖な人格に助けられて、名と形としてあらわれている第一原理を悟ろうとつとめ、自分もあの第一原理のあらわれだということを感じはじめるのだ。

神聖な人格に内在している絶対者をひと目見たあとでは、自分のなかにも、さらにほかの人のなかにも絶対者を見るようになる。善しあしにかかわらず、あらゆる姿形のなかに神を見るようにならなければいけない。といっても、もちろん、善しあしの区別をなくすわけではない。こうなれば、悪いものの影響はまったくうけなくなるのだ。物質世界の形のあるものだけでなく、心に浮かぶもののなかにも神を見るようにしなければならない。

姿形にこだわるのを好まない人は、神を、自分や人のなかに認めるしかない。身体は魂がやどる宮で、神はその魂の「魂」なのだ。これについてはすでに述べた。しかし、この高い理想に長くとどまれる人は数少ない。

結び

ヒンドゥ教の「礼拝」ということばは、以上のように、ほかの宗教でいうのとは少し意味がちがう。それはウパーサナーのことで、少しずつ神に近づいていってついには自己が神と一体となる、ということを意味している。つまり「神秘的礼拝」のことをいっているのだ、物質的な像からはじめて、つぎに心に描く像と、神の御名を唱えることにうつり、最後には魂が至高霊と合一する。段階的な修行によって、肉体意識と自分中心の意識は次第に弱まっていき、魂の隠れていた神性がますます姿をあらわしてくる。この歩みのなかで、魂はいくつかの段階をとおりすぎ、たくさんの障害をのりこえて、完全になる。

ジャパは、現代に適した最良の礼拝方法である。ジャパは神秘的礼拝の精神で行わなければならない。機械的になってしまうのは、この精神を忘れたときだけである。この中心となる点を忘れてしまうことが非常に多い。ジャパは高級な礼拝方法として実践しなくてはいけない。ジャパを効力ある霊的修行にしたければ、愛と崇拝の態度が必要である。確かに、神の御名を機械的にくりかえすだけでもそれなりの値打ちがある。神の御名にはもともと力がそなわっているのだから。しかし、ジャパを、信愛をいだいた礼拝として行うなら、魂も心も身体も全体が好ましい反応を示すものだ。これが、ジャパによって霊的生活で成功する秘訣《ひけつ》である。

ひとつのことをいつも心に抱いていなさい。身体より魂に、魂より神に重点をおかなくてはいけない。身体は、ただ魂の住む家と見なして、その魂にしても、神の座と見なすべきである。自分の魂を自分自身だと考えて、それから、すべての魂の「魂」である神とのふれあいを打ち立てるようにしなければいけない。このことに重点をおかないならば、全人生は一種の肉体崇拝になってしまう。神聖な人格の礼拝を軽蔑して、一種の偶像崇拝だと思う人は、自分の肉体を崇拝するよりこのほうがはるかに優れているということを知るべきである。一方、本当の信者は、神が自分にもすべてのものにも内在しているのを知っている。したがって、その全人生は至高霊の礼拝となって、至高の平和と成就を楽しむのだ。

［1］バーガヴァタ、一一・二一・四一
［2］ブラフマ・スートラ、一・二・二
［3］協会訳、永遠の伴侶、二〇一六年、二〇八～二〇九頁
［4］マハーニルヴァーナ・タントラ、一四・一二二
［5］Tantrasara
［6］ウッタラ・ギーター、三・七
［7］The complete Works of Swami Vivekananda (Calcutta: Advaita Ashrama, 1964), Vol. III, p.60
［8］同、p.61

［9］協会訳、ラーマクリシュナの生涯上巻、五五七～五五九頁

［10］मननात् त्रायते इति मन्त्रः ।

［11］Siksastakam, 2

［12］Prapanna Gita, 28

［13］マイトレイー・ウパニシャド、二・二六

［14］同、二・一

［15］カタ・ウパニシャド、一・三・三

［16］マヌ・スムリティ、二・八七

［17］バーガヴァタム、一二・三・五二

［18］अपवित्रः पवित्रो वा सर्वावस्थां गतोऽपि वा ।
यः स्मरेत् पुण्डरीकाक्षं स बाह्याभ्यन्तरः शुचिः ॥

［19］A free translation of :
इतः पूर्वं प्राणबुद्धिदेहधर्माधिकारतो जाग्रत्स्वप्नसुषुप्त्यवस्थासु
मनसा वाचा हस्ताभ्यां पद्भ्यामुदरेण शिश्ना यत्कृतं यदुक्तं
यत्स्मृतं तत्सर्वं ब्रह्मार्पणं भवतु स्वाहा ।

［一］ブラーミン、クシャトリヤ、ヴァイシャをいう。とくにブラーミンをさす。

第二四章　神の名の力

言葉の力

あなたは言葉の力を信じるか。一つの例をあげよう。ある黒人が、彼を中傷したことである男を訴えた。法廷で判事は彼に、その男は何をしたのか、と尋ねた。

「彼は私をサイと呼んだのです」と彼は答えた。

「いつのことか」と判事は聞いた。

「二年前です」

「なぜ、今になって告訴するのか」

「私は今朝はじめてサイを見たからです」と。

もし私たちがその意味を知るなら、名は偉大な力を発揮する。誰かが悪意をもって私たちを、サイ、とんまなガチョウ、うすのろなロバ、などというような悪い名前で呼ぶなら、私たちは興奮し腹をたてるだろう。

また私たちは、自分たちがみな、どのように自分の名前に反応するかを知っている。群衆の中のひとりの人の注意をひく最善の方法は、彼の名を呼ぶことである。これはまた、眠っている人を起こそうと思うときにもすることである。有名なイギリスの詩人テニソンはよく、注目すべき経験をした。彼はそれを、「古代の聖者」という彼の詩の中で描写している。

一度ならず、たったひとりすわって、
私自身の象徴である言葉を思いめぐらしていたとき、
自分という死すべき限界はおぼろになり、
雲が空にとけこむように、「名なき者」の中にとけ込んだ。
私は自分の手足をさわった――手足は人のもの、わがものではなかった――ただつゆほどもうたがいはおこらず、何もかもはっきりと、しかも私はいない。
こんなに大きな生命をわがものとしてうけるのは、
まるで太陽が、言葉自体の中では陰もなく光りかがやき、
しかし陰なるこの世界の、陰であるようだ[1]。

あなた自身の名は「自己」の象徴である、という事実を、あなたはみとめるか。テニソンは、

彼の感受性の豊かさのゆえに、彼自身の名を用いて自分の内に、感覚を超えた世界のあるへんりんをかいまみることができた。もし普通の名がそのような力を持っているなら、神の名は、どれほどかもっと大きな力があるにちがいない！ しかし神の名のこの力は、それの意味、それがあらわすもの、を知る人だけが、悟ることができるのである。

神聖なことば、オーム

インドを遍歴中、スワーミー・ヴィヴェーカーナンダはある日、ヒマラヤのアルモラの近くで、一本の老樹のもとにすわり、間もなく、深い瞑想に入った。瞑想がおわると、彼はそのとき同伴していた兄弟僧スワーミー・アカンダーナンダに次のように言った、「今、ここのこのバンニャンの木の下で、私の生涯の中での最も重要な問題の一つが解決された」と。このとき彼が日記にしるしたこの経験の短い記録は次の通りである。

初めに『言葉』などがあった。小宇宙と大宇宙は同じ設計の上につくられている。個別の魂が生きた身体の中に入れられているのと同じように、宇宙霊は生きたプラクリティ（自然）——客観的宇宙——の中にある。……このように一方（魂）を他方（自然）がおおっている関係は、観念とそれを表現する言葉との関係に似ている。すなわちそれらは同一のものであって、人がそれらを区別することができるのは、心の抽象作用によるのである。思考は言葉なしには不可能である。それだから、初めに、言葉その他があったのだ。この宇宙霊の二つの面は、永遠に二元的な外観を持つ。それゆえ私たちが知覚し、または感じるものはこの、永遠に形あるものと永遠に形なきものとの結合である」と[2]。

後年、スワーミー・ヴィヴェーカーナンダはこの思想を、彼の著書「バクティ・ヨーガ」の中で詳述した。

インドの哲学によると、この宇宙の全部は、あらわれるための条件として、名と形（ナーマ・ルパ）を持っています。人間という小宇宙の中では、心という素材（チッタヴリッティ）のたった一つの波も、名と形によって限定されなければあらわれることはできません。自然界はことごとくおなじ計画のもとにつくられている、ということがほんとうなら、名と形によるこの種の限定は、全宇宙がつくられるときの計画でもあるはずです。「一つの土のかたまりが知られれば、土でできたものはすべて知られる」ですから小宇宙の知識は、人を大宇宙の知識へとみちびくにちがいありません。さて、形はものの外皮であり、名、すなわちそれの概念はそのものの本質、つまり中核です。肉体は形であり、心すなわちアンタッカラナは名であり、そして音の象徴は例外なく、話す力を持つすべての生きものにとってナーマ（名）とむすびついています。個別の人間の内部では、有限のマハトすなわちチッタ（心の素材）の中におこる思いの波はまず第一にことばとして、それからもっと具体的な形として、みずからをあらわすことになっているのです。

宇宙では、ブラマーすなわちヒラニヤガルバ、宇宙心（コスミック・マハト）は、まず最初にみずからを名としてあらわし、それから形、つまりこの宇宙として、あらわしました。この表現され、感覚でとらえられることのできる宇宙は全部、形であって、それの背後に永遠の、表現不可能なスポタ――ロゴスすなわちことばとしてあらわれるもの――が立っているのです。すべての観念すなわち名前の本質的かつ永遠の材料である、この永遠のスポタは、主がそれによってこの宇宙を創造なさる力であります。いや、主が最初にスポタという限定されたものとなられ、それから、さらにもっと具体的な、知覚し得る宇宙として彼みずからを展開なさるのです。このスポタは、それの唯一可能なシンボルとして一つのことばを持っており、これが、オーム（Om）であります。そして、いかなる手段の分析をもってしても、われわれは観念からことばを分離させることはできないのですから、このオームと永遠のスポタは不可分です。ですからこの、すべての神聖なことばの中のもっとも神聖なことばであり、すべての名と形の母である永遠のオームから、全宇宙は創造されたのである、と想像してよいでしょう［3］」

言い換えれば、神の霊が、神聖な観念を通してみずからを表現し、神聖な観念は、神聖な音すなわち言葉を通してみずからを表現するのである。神の「名」の力の正しい理解の基礎となるこの概念は、この種のサーダナを実践した無数の聖者や賢者によって、確証され、インドの霊性の伝統の一部となっている。スワーミー・ブラフマーナンダは彼自身の経験について次のように言っている。

ある日、お教えの途中で、シュリー・ラーマクリシュナはロゴス――音としてのブラフマンの顕現――についてお話になった。あとで、瞑想にすわったとき、私はこれを主題にした。すると間もなく、「音」ブラフマンが啓示された[4]。

カタ・ウパニシャドは、オームを霊性の修行の目標であるとし、それがすなわち最高の実在である、と説いている。

すべてのヴェーダが宣言し、あらゆる苦行がそれをめざしており、それを求めて人びとが宗教を学んでいるその目標、それを私はあなたに簡単につげよう。それがオームである。それが、至高、不動のブラフマンそのものである。それを知る者は、人生の最高の境地に到達するのである[5]。

ムンダカ・ウパニシャドはオームを弓に、浄められ、集中された心を矢にたとえて私たちに、強烈な注意力をもってその矢をはなち、それがブラフマンなる的に命中してそれとひとつになるようにせよ、とすすめている[6]。ここでいうオームとは、ウパニシャド全体の意味、啓示された知識のことである。それの助けをかりて、私たちは自分の浄められた心をブラフマンに集中しなければならない。オームはヒンドゥイズムにおけるもっとも神聖な言葉であり象徴であり、太古以来、世代から世代へとつたえられてきたものである。きわめて簡潔にヴェーダーンタの精髄を説いているマーンドゥーキヤ・ウパニシャドは、次のように宣言している。

不滅のブラフマンである音節オームは、宇宙である。存在したものことごとく、いま存在するものことごとく、これから存在するであろうものことごとく、オームである[7]。

このウパニシャドはオームという言葉をさらに分析し、おのおのの音節が意識の特定の状態を意味する、としている。ヴェーダーンタによれば、人の正常な経験は、覚醒、夢、深い睡眠という三つの状態に分けられる。同じように、オームという言葉は、三つの音節に分けられる。ア、ウ、ムというこのおのおのの音節は、右にのべた三つの状態を意味している。小宇宙と大宇宙は同一の設計のもとにつくられているのだから、音節ア、ウ、ムはまたおのおの、広大な物質宇宙、広大な心の宇宙、およびこれらおのおのの宇宙の両方の、原因である実体を示している。しかしながら、ブラフマンすなわち絶対実在——これらはそれの現れなのであるが、——はそれらを超越しており、アマートラすなわち無音の、すなわち非顕在のオームによって、示されているのだ。

ロゴスとナーダ・ブラフマン

パタンジャリもまた、彼のヨーガ・スートラの中で、オームはイーシュワラ、すなわち神の象徴である、と述べている[8]。さらに彼は、このオームの不断のくり返しは、霊性の進歩のすべての障害を取り除き、「自己」の覚醒に導くと述べている[9]。オームはこのように、ヒンドゥイズムのもっとも重要な、言葉による象徴のひとつである。しかし、それは、次のように語りはじめられる「ヨハネによる福音書」に述べられている「言葉」ほど、神秘的ではない。

初めに「言葉」があった。
「言葉」は神と共にあった。

そして「言葉」は神であった。
この「言葉」は、初めに神と共にあった。
万物はこれによってつくられた。……
これの内に命があった、そしてその命は、
人びとの光であった。……
そして、「言葉」は肉体を与えられ、我らの間に住んだ……[10]

第四福音書の著者は、ここで、イエス・キリストはすなわち、ギリシアのロゴス、「言葉」であると見ようとしている。しかし、それは当時、新しい考えではなかった。オシリスやミトラというような古代の信仰の神々のあるものもまた、あるときは、永遠のロゴスのあらわれとみなされていた。

ロゴスという概念は、古代には広く知られていた。初期のギリシアの哲学者の一人であるヘラクレイトスによれば、宇宙の流転変化を規制する何かの根本原理がなければならない、それで彼はそれを、ロゴスと名づけた。やがてそれは、宇宙理性——人間の理性はその一部分である——と同一視されるようになった。ストア派は、それに有神論的な意味を与え、ロゴスを彼らの汎神論的な神の概念と同一視した。ユダヤ人は元来、世界は「主の言葉」によって創造されたと考えていた。後に、ユダヤの哲学者であるアレクサンドリヤのフィロはこの「言葉」あるいは「神のいき」を独立した実体とし、それをロゴスと名づけた。彼によれば、神はこの不完全な世界にロゴスを介してはたらきかけているという。第四の福音書の著者聖ヨハネは、ロゴスと神をひとつの存在と見、神とロゴスは、たった一つの神的な実在とはたらきをあらわす、名称である、と言った。ロゴスがイエス・キリストとして化身したのである。

インドではロゴスという概念は、それをスポタと名づけた文法家たちとともにはじまった。後に、タントラがそれをさらに発展させた。タントラの一部門であるマントラ・シャーストラ、すなわちマントラの科学は、全宇宙はバイブレイションから創造された、という学説に基礎をおいている。私たちが音と呼んでいるものは、外面に現れた物理的なバイブレイションに過ぎない。耳に聞こえる音より精妙な音は、ラジオ波のような電磁波である。それらは、エーテルのバイブレイションである。ラジオ波は、ラジオ受信機の中の特殊な装置によって、耳に聞こえる音に変換され得る。さらにもっと精妙なのは、思いの波である。思いそれ自体が、ナーダ・ブラフマン（またはシャブダ・ブラフマン）、すなわち宇宙心の、永遠、超感覚的、広大な拍動の、一つの現れなのである。

ナーダ・ブラフマンは単なる理論的な概念ではない。それは経験することができる、それは精妙な心によって聴くことができ、精妙なラジオ波を耳で聞くためには特殊な装置が必要であるように、ナーダ・ブラフマンのバイブレイションをきくためには、人は高度に浄化された心を持たなければならない。心が浄まり、集中されたとき、永遠の、極度に精妙な宇宙的バイブレイションをきくのである。長く引きのばされた連続音、アナーハタ・ドゥワニとして――。これは単なる空想でも、耳の病的な状態からおこった現象でもない。キニーネを大量に服用したあとや、頭に打撃を受けたときなどに聞こえる、病的な音とはまったく関係がない。それはあなたが指で耳をふさいだときに聞こえるハミング音ではない。それは、長い間の着実な霊性の修行の結果である、まったくちがったタイプの経験である。アナーハタ・ドゥワニは、泉の中の水の流れのように、ナーダ・ブラフマンすなわち宇宙心から生まれてそれの中にしりぞく、精妙な音の振動である。

このように精妙な宇宙の脈拍は、心が静まり、霊性の流れが意識のより高いレベルに昇ったときにのみ、きくことができる。しかしそれは、霊性の道を歩む人すべてが、必ずきく、というものではない。心がそのリズムに同調している人だけに聞こえるのである。それとは別の経験をする、高度な魂たちもいるだろう。アナーハタ・ドゥワニはスシュムナー――脊髄に符合する、私たちの内部の中央にある霊性の通路――のはたらきと結びついている。この管は多くの人びとの場合には、閉ざされたままの状態にある。浄化、強烈な求道心、および心の集中によって、この管は開かれ得る。霊性の流れはそのとき、その管の中を上昇し、精妙な霊的な音楽を生み出す。古代ギリシアのピタゴラス派の神秘家はそれを、「天上の音楽」と呼んだ。ヒンドゥの信者たちは、ときに、それを「クリシュナの笛」と呼ぶ。永遠のクリシュナの笛がそれである。宇宙霊から発せられる神の音楽は魂を魅了し、それを霊意識のより高い境地に導く。
スワーミー・ヴィヴェーカーナンダは次のように言っている。

また、すべての分節された音は口の中の空間で生まれ、舌根ではじまって口唇でおわる――のどの音がAであり、Mが最後の口唇の音、そしてUはまさに、舌根ではじまり口唇でおわるまでの音の波動の前進を示している。もし正しく発音されるならこのオームは、音として生まれるものの全現象を現すであろう。他のいかなることばもこれはできない。したがってそれは、オームの真の意味であるスポタの、もっとも適切な象徴である。そして、象徴は決して、象徴されるものから切りはなされることはあり得ないのだから、オームとスポタは一つのものである。そしてスポタは形をもつ宇宙のより精妙な面であって、神により近く存在し、実に神の英知の最初のあらわれであるから、このオームは実に、神の象徴なのである[11]。

マントラとは何か

このようにして私たちは、オームの意味がどれほど深く広大なものであるかを理解する。霊性の生活において、ジャパと瞑想の中で、「自己」の悟りを助けるものとして用いられるオームの、啓発的な面を理解することは私たちにとって必要である。オームは普通、不可分かつ超人格的絶対者を象徴しているが、それはまた、人格神と結びつけられて用いられることもある。事実、それは非常に神聖なものと考えられているので、すべての神聖な儀式やとなえ言の中で用いられているのである。しかし、通常、神の人格的な面は、それぞれが特有の音象徴、すなわちその神の名を持ち、ときにはビージャすなわち「種子」とよばれる特別の神秘的な音節を持っている。これに関して、スワーミー・ヴィヴェーカーナンダは次のように言っている。

また、唯一のブラフマン、アカンダ・サチダーナンダすなわち不可分の実在・智識・至福が、不完全な人間の魂たちによっては、特定の立場からのみ、特定の性質と結びつけてのみ考えられるように、この宇宙すなわち神の身体も、思う者の心の傾向に応じて、考えられているのである。

信仰者のこの心の傾向は、その心の優勢な要素すなわちタットワによって導かれている。その結果、同一の神が、さまざまの特質を持つ者として、さまざまの姿で見られるであろうし、同じ宇宙が、多様な形にみちたものとしてあらわれるであろう。ほとんど分化していない、もっとも普遍的な象徴であるオームの場合、思いと音象徴とがはなれがたくむすびついているのが見られるのとまさに同じように、この不可分の結合という法則は、神と宇宙の異なるさまざまの姿にもあてはまる。それだからそれらのおのおのが、それをあらわす特定の言葉の象徴を持たなければならないのである。賢者たちのもっとも深い霊的知覚から、展開した、これらの言葉の象徴は、それらが表している神および宇宙の特定の見方をできるかぎりふさわしく、象徴し、表現しているのである。そしてオームが、アカンダ、つまり特殊化されていないブラフマンを表現しているように、その他のものはすべて、カンダ、すなわち同一実在のさまざまに分化した見方を示している。そしてそれらの見方すべては、神を瞑想し、真の知識を獲得する助けとなっているのである[12]。

シャブダというサンスクリット語は音と言葉の両方を意味している。私たちが話すとき、私たちが耳で聞くものは、ヴァイカリーと呼ばれる、粗大な形の音にすぎない。それは、声帯、舌、その他の動きから生まれる。その背後に、思考過程の産物である言葉がある。これはマディヤマ音である。思い自体は、パシヤンティ音と呼ばれる、もっと精妙な衝動から生まれている。パシヤンティは非顕在のシャブダ・ブラフマンから発するのであって、その音の過程はパラーと呼ばれる。それゆえ人の思いの生活は、パラーから発して、パシヤンティとマディヤマを通り、ヴァイカリーに至るまでの領域をもっているのだ。私たちは、自分の内面世界についてなんとわずかしか知っていないことか！　なんとうかつに考え、うかつに話していることか！　思いはダイナミックな過程であって、非顕在の精妙な源から生まれてきているのだ。悪い思いはもっと深いところではたらき、私たちの心身の構造に影響を及ぼす。同様によい思いは、人格の深部をさえ、改善するのである。

通常の思いの中では、私たちは自分の心の霊的な深層にはまったく気づかない。しかし、私たちをこの心の源に導く、マントラという特殊の思いの様式がある。神の「名」(マントラ)をくり返し唱えることとその意味に思いを凝らすことによって、私たちは意識の精妙な領域に深く、もっと深く到達し、次第により高い霊的経験を恵まれるようになるのだ。正しいジャパによって、一見死んでいた音が生気をとりもどし、驚くべき力を獲得する。あらゆるマントラがこの内在の力(マントラ・チャイタンニャ)を持っている。霊的に高い魂がそのマントラをくり返すと、それはその力で満たされ、「生きたもの」となる。彼がマントラを弟子に伝授するとき、この力もまた伝達されるのである。マントラの力は、規則正しく霊性の修行を実践し、きよらかな生活を送る人だけがさとることができる。

マントラという言葉の文字の意味は、「熟考によって魂を解放するもの」(マナマート・トラーヤテ・イティ)というものである。鈍感な心の人にとっては、マントラは、単なる一つの言葉、またはきまり文句に過ぎない。しかし、進歩した霊的な魂にとっては、それは深い霊的体験に導く偉大な力の集中された思いである。マントラを正しくくり返すことによって、人は最高の悟りと自由に到達することができる。音のあとをたどることによって、ヨーギーは人格神の霊的なヴィジョンを得、やがてはあらゆる音バイブレイションを超越して、至高霊に到達するのだ。

マントラにはさまざまの型がある。もっとも古くまたもっとも有名なマントラの一つは、ガーヤトリー・マントラである。「ナマ・シヴァーヤ」はもっともよく知られたシヴァのマントラである。「ナモ・ナーラヤナーヤ」はヴィシュヌのもっともよく知られたマントラである。「ハレ・ラーマ・ハレ・ラーマ」など、および「シュリー・ラーマ・ジャヤ・ラーマ・ジャヤ・ラーマ」は何億というヒンドゥによって唱えられている。これらはすべて無数の聖者たちの生涯および経験と密接に結びついている。それぞれのマントラは、正しくくり返されるとき、その求道者の中に、独特なバイブレイションを呼び覚まし、最終的には、瞑想されているそのデヴァター（神）を啓示する。タントラ派の伝統では、マントラは公開されない。マントラを彼のグルから伝授された弟子は、それを秘密にし、彼のもっとも身近な親族にさえそれをあかさない。このようなマントラはそれぞれ、ビージャすなわち種子と呼ばれる、特殊な音節を含んでいる。ビージャは関連する神の固有の力を表現している。ビージャはデヴァターの創造的な力を私たちの中に呼び覚ますとされている。

ジャパの力

マントラの力は、資格のある求道者のうちでのみその力を現す。ラーマクリシュナはコシポル・

ガーデン・ハウスで、その生涯を終えられるころのある日、弟子ナレーンドラをラーマ・マントラでイニシエイトなさった。それは、もともと自己制御の偉大な力に恵まれていたナレンのうちに、顕著な変化をもたらした。この瞬間に彼は法悦状態となり、高い昂揚《こうよう》した声で、主ラーマの名を「ラーマ、ラーマ」とくり返し唱えながら家のまわりをぐるぐるとめぐり歩いた。彼は実際に外界意識をまったく失い、このような状態で一晩中すごした。師はこのことを知らされたとき、「そのままにしておきなさい。そのうちにもとにもどる」とおっしゃった。しばらくしてナレンはもとの状態にもどった[13]。

言葉はすべて、私たちのうちに生じるある思いや願望の表現である。マントラは人の霊的衝動を表す。普通の言葉が、聞かれたり話されたりしたとき、その言葉が私たちの内に、ある考えや願望を呼び覚ますことができるように、マントラもまた、私たちの内に潜在する霊的な傾向を呼び覚ますことができる。このような潜在的な霊的傾向の表現は、特定の文化的集団の人びとのあいだでは共通しており、それゆえ、おのおのの文化集団がそれ自身の聖なる言葉の象徴、すなわちマントラを持っている。これらは、正しくくり返し唱えられるとき、大部分の人びとの場合には通常覆い隠されている、霊的渇仰心を呼び覚ます。ジャパの目的は、人のうちにある、忘れられた霊的傾向を目覚めさせることである。求道者はすべて、彼の理想神（すなわち彼のイシュタデヴァター）、固有のマントラ、および、意識の明確な中心を持たなければならない。彼は常に、彼の意識の中心から離れてはならない。

ジャパ、すなわち神の御名の繰り返しは、さまざまの方法で行うことができる。求道者はそれを、少なくとも自分に聞こえる程度に、声を出して唱えてもよい。それはヴァーチカとよばれる。またはは彼は、ただ唇を動かすだけで、聞こえないようにもぐもぐと唱えてもよい。このような唱え方はウパームシュとよばれる。第三は、舌と唇には動くことを許さず、心の中でマントラを唱える方法である。この沈黙の唱え方は、マーナシカとよばれる。心の中でのくり返しは、確かに最善の方法であるが、それが難しいと感じる人びとは、他の二つの方法を実践すればよい。それよりもっと大切なのは、求道者がジャパを行っている間中、彼の意識の中心から心をそらさないことである。

世界の宗教の中に見られるジャパ

聖書の戒律「あなた方は主なる神の御名をむなしく唱えてはならない」や、むなしく神の名を唱えることへのキリストの弾劾については、いくつかの解釈があろう。カトリック教徒は数珠を用いてアヴェ・マリア（Hail Mary）をくり返すが、一般にはキリスト教では、神の名のくり返しより嘆願的な祈りの方を重視している。しかしギリシャ正教の教会に行ってみると、ヒンドゥのジャパに似た一種の祈りのくり返しが非常に重んじられているのが見られる。中世のギリシャの聖者たちは、イエスの祈りとよばれる単純な聖句をくり返す方法を完全に習得していた[14]。「巡礼の方法」という民間にひろまっている書物の中に、この方法が次のように書いてある。

イエスの祈りを心の中に不断に唱える、ということは、何をしていても、常にどこででも、眠っている間でさえ、彼の不断の臨在をたえず心に描きつつ、彼の恩寵を嘆願しつつ、口で、心で、またハートで、たえずイエスの神聖な御名を呼びつづけることである。この呼びかけは、「主なるイエス・キリストよ、私に恩寵を下したまえ」という言葉で表されている[15]。

イスラームでは、スーフィー派の神秘家たちが、霊性の悟りを得る方法として、何世紀にもわたってアラーあるいはアリの御名をくり返し唱えるという方法を用いてきた。一二世紀のムスリムの偉大な神学者、アル・ガザーリーの学派では、新参者に与えられる教えは、次のようなものである。

求道者は、片隅に一人ですわらせよ、そして神、至高者以外の何者もその心に入り込まぬよう、気をつけさせよ。それから、人気のない場所に独座して、思いをそれに集中しつつ、舌で「アラー、アラー」と言いつづけることをやめさせるな。ついに彼は、舌はその動きをとめ、言葉がそれから流れ出るように思われる状態に達するであろう。動きの痕跡は完全に舌から除かれ、しかも彼のハートはその思いを思いつづけている、というようになるまで、その状態を維持せしめよ。ついにその言葉の形――文字と形――はハートから除かれ、その想念だけが、離れがたくハートにくっついたように残るまで、なお、その状態を維持せしめよ。今はただ、神が彼に示したまうであろうものを待つだけである。右のコースをたどるなら、真理の光が彼のハートに輝くことは確実であろう。

仏教では主に、倫理的な生活と瞑想が強調されている。しかし、明知を得る道として神の名のくり返しを命じている大乗仏教の幾つかの宗派もある。日本で最もポピュラーな仏教の宗派、浄土真宗では、求道者は、日本語では南無阿弥陀仏《なむあみだぶつ》となっている、「ナモ・アミターバ・ブッダーヤ」というマントラをつづけてくり返す。スカーヴァティー・ヴィユーハ・スートラ（無量寿経）の注釈の中に、次のような文がある〔二〕。

歩いていても、立っていても、すわっていても、横たわっていても、ただ心をこめてアミダーの御名をくり返せ。一瞬間もその行をやめてはならない。これが、必ず救いをもたらす行である。なぜなら、これはアミダーブッダの本願と一致しているから。

もう一つの聖典、シューランガマラ・スートラ（首楞厳経《しゅりょうごんきょう》）は次のように言っている。

アミターバ・ブッダの御名をくり返し唱えることの功徳はこれである、……アミターバ・ブッダの名を唱える人はだれでも、現在においてであれ、未来においてであれ、確実に、ブッダ・アミターバを見、決して彼から離れることはないであろう。ちょうど、香料の作り手と接する人に同じ香りがしみこむように、彼にもアミターバの慈悲がしみ込んで、他の方法によらなくても、必ず明知を得るであろう。

ヒンドゥイズムにおけるジャパ

ヒンドゥイズムにくるとわれわれは、何らかの形でジャパが非常に重んじられているのを見る。南インドのシヴァ派とヴィシュヌ派の聖者たち、北インドの偉大な聖者たちは、神の御名の不断のくり返しを非常に重視した。聖者トゥカーラームはうたった。

主よ、あなたの御名が
私の思いに入るとき、
あなたへの愛が炎のようにもえ上がり、

私の口が言葉を失いますように。

私の目は幸福の涙で、
手足は有頂天のよろこびでいっぱいだ。
そうだ、あなたへの愛で、
私のからだはふちまで満たされていると見える。

こうして私は、全身の力を、
喜びにみちた賛美の歌についやそう、
夜も昼も、休むことなく、
あなたの御名をうたいつづけよう。

そうだ、トゥカーは言う、永久に私は
そうしよう、それが一番いい、
聖者たちの御足のもとに
永遠の休息があることを、私は知っているのだから[16]。

グル・ナーナクと彼の信者たちは、神の名を非常に重視した。たえず神の名を唱えることが、ナーナクによって説かれた、一つの重要な修行であった。チャイタンニャ・マハープラブーはベンガル地方のあらゆる宗派の人びとの間にジャパをひろめた。「ナーマルチ、ジーヴァダヤー、ヴァイシュナヴァセヴァー（主の御名を喜ぶこと、被造物への慈悲、信者たちへの奉仕）」という三つからなる常套語句《じょうとう》が、彼の信者たちの教義となっている。彼は、若いとき、その学識とすばらしい知性によって有名であったが、後にすべてを放棄して、神への愛に陶酔した。彼は次のようにうたった。

主、シュリー・クリシュナの御名をうたうことに、至高の栄光あれ、それはハートの鏡を清め、世俗という大山火事を消す。それはまるで、究極の至福という白蓮華《びゃくれんげ》を照らす、月の光の流れのようである。それは花嫁の命と魂、ヴィディヤー（自己知識）である。それは至福の大海をあふれさせる。それは、時をとわず、最高に甘いネクタールを授けてくださる。それはまるで、すべての魂のための、いやしの沐浴のようである[17]。

シュリー・ラーマクリシュナは言われた。

ジャパとは、ひと気のない場所で黙って神の御名をくり返すことである。ひたむきな信仰心をもって彼の御名をとなえると、神の御姿を見て彼をさとることができる。一片の材木がガンガーの水の中に沈み、一本のくさりで岸につながれていると考えてごらん。くさりにつかまり、その輪の一つ一つをたどって、それを頼りに水の中に入って行けば、ついにはその材木に行き着くだろう。それと同様に、神の御名をくり返していれば、おまえはやがて神に没入し、そしてついには神をさとるのだ[18]。

ホーリー・マザーは彼女のサーダナの期間中、一日に約一〇万回のジャパを実践していた。彼女はその生涯を通じて、神の名の力を実証したのである。彼女はよく、ジャパとディヤーナによって肉体意識を失い、超意識経験の高みにのぼった。マザーとその弟子との次の会話が示しているように、また彼女はその教えの中で、くり返しくり返しジャパの重要性を強調した。

弟子「マザー、クンダリニーがめざめなければ何も得られませんね」

マザー「わが子よ、その通りです。クンダリニーは徐々に目覚めるでしょう。あなたは、神の御名のくり返しによってすべてを悟るでしょう。たとえ心が静まっていなくても、それでもあなたはある所にすわって、神の御名を百万回くり返すことはできます。クンダリニーが目覚める前に、人は、アナーハタ音を聞きます。しかし母なる神の恩寵がなければ、何ひとつ成就することはできません［19］」

コアルパラで、ある弟子がホーリー・マザーにいった、「マザー、心がまったく落ちつきません。私は、どうしても心を静めることができません」と。それに対してマザーはつぎのように答えた、「風が雲を取り除くように、神の御名が世俗の雲を消し去ります」と［20］。

もし人が神の御名を一日一万五〇〇〇回から二万回くり返し唱えるなら、その心はおちつく、といわれています。ほんとうにそうなのです。おお、クリシュナラル、私は自分でそれを経験しているのですよ。まず、それを実践して見るがよい。もしだめだったら、不平を言ってもいい。人はある程度の信仰心をもってジャパを行わなければならないのに、そうはしない。彼らは何もしない。ただ、「どうして私は成功しないのだろう」と言って、不平ばかりを言うのです［21］。

人はプラーラブダ・カルマの結果は経験しなければなりません。誰もそれを逃れることはできないのです。しかしジャパつまり神の聖なる御名のくり返しは、その強さを小さくすることができます。それは片脚を失うことになっていた人が、代わりに足にとげをさしただけですむ、というようなものです[22]。

シュリー・ラーマクリシュナの弟子の中の最高の人たちの一人、スワーミー・ブラフマーナンダは、ジャパを非常に重視した。あるとき一人の弟子が尋ねた。「マハーラージ、クンダリニーはどのようにして目覚めさせることができるのですか」と。マハーラージは答えた、「ある人たちによればそれを目覚めさせるには特別の訓練法があるという。しかし、私は、それはジャパと瞑想によってもっとも容易に実現できると信じている。ジャパの実践は、特に、私たちの現代にもっともふさわしい方法である」と[23]。

またあるとき、彼は次のように言った。

ジャパ、ジャパ、ジャパ。働いているときにも、ジャパを実行せよ。主の御名を、君たちの活動の中心部において回転させつづけるようにしたまえ。もしこのことができるなら、心中のすべての興奮はおさまるだろう。神の御名に避難することによって、多くの罪びとが浄められ、自由になり、神聖になったのだ。神と彼の御名とに深い信仰を持ちたまえ。この二つのものは同一である、ということを知りたまえ〔24〕。

なぜ私たちはこれらの文を引用したのか。これらはいったい何を教えているのか。さとった魂たちのこれらの言葉は、神の名には偉大な力がある、ということを証《あか》している。人は、この力への信仰を持たなければならない。幾百千の人びとが、ジャパによって霊性の進歩をとげた。それは大事な修行である。名の力はおそかれ早かれ、求道者の内部でかならず、自ら感じられるものなのである。神の名は心中に悪い思いがおこるのを阻止する。神の名の不断のくり返しがなければ、完全に清らかな生活を送ることは不可能である。私は私自身の実際の人生経験から話しているのである。それだからおたがいに、神の御名をたえずくり返そうではないか。心身が清まって、霊的な波動がおこるように。御名が私たちの障害を取り除き、私たちの魂を至高の魂に、ジヴァートマンをパラマートマンに触れさせてくださるように。私たちは音楽を、魂を高め、それを至高霊に結びつける音楽を、うたうことを学ぼうではないか。

いくつかの実践上のヒント

まず、粗大な段階から思考の段階へと昇り、それから、霊性の段階に昇る努力をしよう。より高い霊性の流れにふれるようになる前に、私たちの内部のより低い波動は中和されなければならない。低い振動が強すぎるときには、神の御名を力づよく、根気よく、唱《とな》えよ。私たちの周囲はさまざまの源から発する音の波で満ちている。これらは、知らぬ間に私たちに影響を及ぼしている。ラジオの音楽に耳を傾ければ、あなたは自分に与えるさまざまな形の音楽の影響を、区別することができるだろう。ある音楽はあなたを高め、ある音楽はあなたを不安にし、ある音楽は、あなたをまさに狂気させる。賛歌と、聖句の朗唱によって悪い音楽を中和することを学べ。

あなた自身の内なる音楽を創造せよ。実は、それは永遠に続いているのである。自分の心を正しく内面の波長にあわせるなら、あなたはそれを聞くことができる。「クリシュナの笛」という、魂を魅了する旋律が、心のうちに聞こえてくるのだ！　それは魂を至福で満たし、平安で心身を沐浴させるのだ。

ジャパをはじめる前には、信仰が何よりも必要である。最初は、ジャパが多少機械的になっても、それはさしつかえない。しかし、マントラの力は信じていなければならない。初心者は、自分の意識の中心が上がったり下がったり、たえず移動しつつあることに気づく。これはすべての求道者にとってもっとも難しいことである。初めはその効果がどうであれ、限りない忍耐をもって、規則正しい時間をジャパをして過ごさなければならない。これがやがて、成功を得る唯一の方法である。

瞑想かジャパを行っている間は、あなたは決して、眠気に身を任せてはならない。これはもっとも危険なことである。眠りと、眠気と、瞑想はどんな形でも、いっしょにしてはならない。もし強い眠気を感じたなら、すぐ立ちあがってジャパをしながら、眠気がさめるまで、部屋の中をあちこち歩き回るようにせよ。心が少しも落ちつかず、外にばかり向かうときには、この不安に負けないでジャパを、機械的でもよいからそれが落ちつくまで根気よくつづけよ。そのようにすれば、少なくとも、私たちの心の一部は、ジャパに集中することになろう。このようにすれば、心全体が落ちつかなくなることも、落ちつかないままでいることも、なくなるだろう。

あなたのイシュタ（理想神）の名、またはあなたのマントラ（神の神秘的な音象徴）をくり返すごとに、あなたの心身および感覚の全体が浄化されるのだ、と想像せよ。この信念をかためなければならない。ある意味では、これがジャパの根底をなす概念なのである。イシュタの名は、人の神経をやわらげ、心を静め、身体に有益な変化をもたらす。心がひどく緊張するか、沈むかしたときには直ちに、神の名を口ずさみ、神のことを思いはじめよ。これが体と心の内に安定した状態、新しいリズムをもたらす、と想像せよ。実際に、どんなにそれが神経組織全体をやわらげるか、どんなにそれが、ますます心の外に向かう傾向を阻止するようになるのかを、感じるようになるであろう。

ジャパの前、またはジャパとともに、リズミックな呼吸を行うのもよい。リズミックな規則的な呼吸は神経組織に静けさ、ある種の安定感を与え、これがまた、霊性の修行を容易にする。呼吸の練習を行っているとき自分の心に次のような強い暗示を与えるようにつとめよ、「私は、浄らかさを吸い込んでいる、そしてすべての不純なものをはきだしている。力を吸い込み、すべての弱さを吐き出している。静けさを吸い込み、すべての不安を吐き出している。自由を吸い込み、すべての束縛を吐き出している」と。このような暗示は、ジャパを行っている間にも与えるがよかろう。これは本格的な修行の基礎準備として、非常な助けとなる。

神聖な思いは、心身にある種の調和をもたらす。マントラをくり返すごとに、自分はますます浄らかになりつつある、と考えよ。ジャパの効果をすぐには知ることはできない。しかし、しばらくの間着実に忍耐強く続けるなら、あなたはそれを感じ、数年後には、自分にどんなに大きな変化がおこっているかを知って驚くであろう。試みる価値は十分にある。この体は、少なくともある程度陰陽に分極され、リズミックにされるべきであり、神経もまた分極され、リズミックにされるべきである。このような修行によって、心身および気息のすべてをリズミックにしなければならない。それではじめて、私たちは、霊性の修行や瞑想にふさわしい気分となり、非常に真剣に、正しい方法でそれを行うことができるのである。その他のことはすべて準備段階に属するものである。

この道ではあらゆることが難しい。ありありと心に描くこと（Visualization）は難しい。心の制御も難しい。瞑想も難しい。ジャパもまた難しい、正しい方法で行うならそれは少しはたやすいが。それだから、新たな力をつけなければならない。そのために、ここで述べたヒントは非常に助けになるであろう。音と音象徴の偉大な力を利用せよ。あなたは、神の名、聖なるマントラが自分を浄化し、高揚させつつあることを感じるよう、努めなければならない。やがてあなた自身が、神の名のリズミックなくり返しが初心者の生活の中での修行の、もっとも重要な部分であることを知るであろう。

常に、音の象徴に助けを求めるようにせよ、音と思いとは相互に関連しあっているのだ。思いはさまざまの音でみずからを現す。今や、私たちは、神的な想念はさまざまの神聖な名の中にみずからを現し、神的な想念と音との間には不可分の結びつきがある、ということを知る。それだから、私たちは、修行の中でこの音を利用するのである。音の助けをかりると、楽に神聖な思いを呼び起こすことができるのだ。私たちは、音の象徴からそれを超えてその背後にある想念に到達するようにしなければならない。そうでなければ、その音は助けにはならない。まず最初に、形の上の礼拝がくる。次に、すべての求道者が取り上げなければならない修行が、ジャパと瞑想である。そして最後に、目を閉じていてもいなくても、至るところに神的実在を見る、という経験が来るのだ。これが最高の境地であって、人はその前のあらゆる段階を一歩一歩着実に通りすぎてはじめて、それに到達できるのである。

音の象徴と神的な想念との間に確固としたつながりを確立せよ。そうすれば、音象徴の鍵盤にふれただけで、その思いは浮かんで来るだろう。あなたがタイプライターの鍵盤にふれると同時に紙の上にその文字が打ち出されるように、あなたが音の象徴にふれた瞬間、それに相当する思いが浮かび上がってあなたを助けるようになるべきである。しかしそうなるためには、規則正しい毎日の修行によって、この二つの間に確固としたつながりができていなければならない。

たとえすさまじい嵐が心の内におこって、あなたの足をさらおうとしても、あなたのジャパはし続けよ。必要なら、神の御名を声を出して、少なくとも自分に聞こえるように、くり返せ。しばしば、非常に乱れた心の状態では、心の中だけのジャパは不十分である。耳に聞こえる音は、心がさまよいあるくことをとめる。決して、音の波動の影響を過小評価すべきではない。私たちの全心、肉体さえ、神の名のリズミックな詠唱に反応するのである。ジャパは心を、より高い、宇宙的な波動に同調させる。これは心を静め、高め、集中させる。声を出してジャパを何時間も行うことによって、かなりの霊的恩恵を得ている人たちもいる。まったく口に出すことなく、心の中でマントラをくり返しても、おなじ効果を得ることができる。

シュリー・ラーマクリシュナはよく、ジャパを、その端が河の底に沈む重いブロックに結びつけられている鎖にたとえた。その鎖につかまり、輪の一つ一つをたどって進めばついには、そのブロックに触れることができる。同じように、神の名をくり返すごとに、それがあなたを神に近づける。その音が知識を呼び覚まし、その知識が私たちを、神に触れさせてくれるのだ。あなたは、自分のジャパが質的に向上するよう心がけよ。ジャパを意識して、理性的に行い、日を経るにしたがってその数を増やせ。常にその鎖のことを思い、次の輪を握るように努めよ。こうしてあなたはますます神に近づき、瞑想への準備ができるのだ。

自分がさらわれてしまいそうに思われるときも、その鎖にしっかりとつかまっているよう、最善の努力をしよう。私たちはしばしば、自分をおびやかす危険を過大視する。後になって、自分が活発な想像力でそれを拡大していたことに気づくのだ。状況は悪いものではあろうが、それは通常、自分が考えているほど悪いものではない。おおかたの場合、自分がおそれたほど悪い経過はたどらないものだ。そしてまた、かりに事態がほんとうにひどく悪かったとしても、どうして、努力をあきらめ、無抵抗に敗北に身を任せてもよい、ということがあろうか。そのような場合には、ジャパ、祈りをたえず行い続け、最善の努力をして、それに立ち向かうよう努めよ。たとえ負けても、その敗北は成功に向けての一つの踏み石であったということが、あとで分かるだろう。

原則として、人は、ある神聖な音の象徴をくり返し唱えると同時に、その形を思いつづけるべきなのだが、瞑想的な気分にないときには、ただジャパだけをすればよい。神の御名またはマントラを一〇〇〇回も二〇〇〇回も間断なくくり返すのである。たとえそれが多少機械的なものであっても、さし支えない。このように実践するうちに、やがて、楽に瞑想できるようになったことを知るだろう。瞑想はジャパの延長である。ジャパはとぎれとぎれの瞑想である。ある意味で、瞑想は間断のないジャパ、そしてもちろん、もっと強力な過程である。ジャパでは、私たちはとぎれのある音と思いを持ち、瞑想では、間断のない思いのみを持つのだ。瞑想をしたいと思ったら、まずジャパをすべきだ。一挙に瞑想にとびこむことはできない。

心が不安定になる、というおそれを感じたら必ず、神の御名をくり返し、意識の中心に神の御姿を思うよう努めよ。その音にしがみつき、その意味を考えよ。しばらく、それをすることができたら、深い安定感が生まれるであろう。すると、混乱した頭脳は幾分か明晰《めいせき》になり、思いも感情もはっきりとしてくるであろう。ジャパは多くの障害を除き、求道者が瞑想に入りやすいようにする。気が向いても向かなくても、それをせよ、それをつづけよ。自分の気がすすまない、というだけの理由でなぜそれをやめなければならないのか。なぜ敗北を認めるのか。なぜ、自分の心が自分を欺くに任せておくのか。神の御名を唱え続け、それが現す理想を思い、決して自分に、敗北を許してはならない。くり返しそれを続けよ。耳がその音を聞き、心がそれの意味を思いつづけるように。

神の御名の力

霊性の生活の初期に、真の瞑想について思い煩う必要はない。ジャパを行い、自分のイシュタデヴァターを思いつづけよ。やがて、ジャパはおのずからディヤーナに発展する。ディヤーナとは、油が一つの器から別の器に移されるときのとぎれのない流れのような、瞑想の主題への思いのことである。

ジャパによって、神の霊がこの世界よりもっとリアルなものになってくるであろう。そのときにはじめて、真のディヤーナが可能となるのである。最初のものを最初にせよ。そうすれば、次の段階はひとりでにやってくる。

あなた自身の方法でジャパを始めよ。耳に聞こえるようなオームのくり返しになれると、人は徐々にそれを音のないものにしてゆき、インドのリシたちがシャブダ・ブラフマンと呼んだもの、古代のギリシャのピタゴラス派の哲学者たちが「天上の音楽」と呼んだもの、にふれるようになるであろう。調和のある音をくり返し、それが象徴であることを、無限の存在であり、愛であり、至福である至高霊の、現れであることを知れ。あなた自身の「ラジオ受信機」の波長を正しく合わせることによって、宇宙の波動に共鳴するようになり、その波動があなたを、宇宙心に、そしてそれを通して、一切所に遍在する宇宙霊に、あなたの魂の「魂」であり、すべての魂の「魂」である宇宙霊に、触れさせるであろう。

なんとしても、あなたのジャパを行い続けよ。求道者が与えられる聖なるシャクティ・マントラは、障害を除き、霊的意識を目覚めさせる、巨大な力を持っている。これが実は、デヴィと呼んでもカーリーと呼んでもよい、この時代にはバガヴァーン・シュリー・ラーマクリシュナとして現れた、宇宙の母なる神の力なのである。

ときには、求道者がジャパを行っている時に、その数珠あるいは手のひらを彼の意識のより高い中心（ハート、頭など）の一つにあてていると、それが非常な助けになる。肉体を通じてその中心を感じることは、彼がその意識をそこに固定させるのをたやすくする。

聖なる音は心にある種の支えを与える。何かの大きな困難が生じたときには、少し落ちついて、内観的になり、心の底から神に祈るよう、努めるべきである。困難が生じたからといって、どうしてそれに、足をさらわれるままにしておくことがあろう。あの「鎖」を手放した瞬間、あなたは迷子になるのだ。まったく助けが得られないなら、神が唯一の助けである。そして私たちがここで神というのは、すべての魂たちの「魂」として私たちの内に宿る「至高の霊」である。ジャパは、霊的に自己を助ける最も重要な方法の一つである。それは私たちを、自分の魂の「魂」にますます近づけてくれる。

私たちの場合には、ジャパが私たちが実際に行い得る唯一のものなのであって、それを便宜上、時に、「瞑想」という名で呼んでいるのだ。倫理的教養、義務の遂行、ジャパ、祈り、規則正しい聖典の読誦《どくしょう》およびできる限りその意味を熟考することなどによって、まず自分を用意した後でなければ、真の瞑想というような、より高い行法の実践は問題外である。これらの予備的な実践が、さまざまの雑念をすてて心を内に引っ込めることを助け、たとえ最初はとぎれとぎれにであっても、私たちが神聖な思いを思いつづけることができるようにしてくれるのだ。やがては、忍耐強い実践によって、間断なくその思いを続けることができるようになるであろう。

心と肉体、思いと言葉と行いが、浄らかになるにつれて、集中力はつよまり、より深い瞑想ができるようになるであろう。そしてそれから、時がくれば、その人格的、超人格的両面において神に接することができるようになる。それから、自分のハートの内で、有限なるものと無限者との触れあい、魂と神、すなわち魂たちの「魂」との触れあいを感じるであろう。瞑想はこのようにしてその目標、最高の超意識状態に到達する。そこでは魂は、神的実在、それの真の自己に接触し、それの本来の完全さと自由と平安と幸いを得るのである。

神の御名がすべての人びとに平安と幸いをもたらすように！

［1］Quoted by F. Max Muller, The Six Systems of Indian Phillosophy (New York: Longmans, Green and Co., 1928), p.194

［2］Eastern and Western Disciples, The Life of Swami Vivekananda (Calcutta: Advaita Ashrama 1974), p.197

［3］協会訳、バクティ・ヨーガ、二〇一六年、七六〜七八頁

［4］協会訳、永遠の伴侶、二〇一六年、二一三頁
［5］カタ・ウパニシャド、一・二・一五～一六
［6］ムンダカ・ウパニシャド、二・二・四
［7］マーンドゥーキヤ・ウパニシャド、一
［8］協会訳、ラージャ・ヨーガ、二〇一六年、一四〇～一四二頁（パタンジャリ、ヨーガ・スートラ、一・二七）
［9］協会訳、ラージャ・ヨーガ、二〇一六年、一四四頁（同、一・二九）
［10］聖書、ヨハネ福音書、一・一～一四
［11］協会訳、バクティ・ヨーガ、二〇一六年、七九～八〇頁
［12］同、八〇～八一頁
［13］See Life of Swami Vivekananda, op. cit., p.130.
［14］See E. Kadloubovsky and G. E. H. Palmer, Writings from the Philokalita on Prayer of the Heart, (London: Faber an Faber, 1951).
［15］The Way of a pilgrim (London: S. P. C. K., 1941), pp.19-20
［16］From Nicol Macnicol, Psalms of Maratha Saints (Calcutta: Association Press), pp.71-72
［17］Sri Caitanya, Siksastakam, 1

〔18〕協会訳、ラーマクリシュナの福音、二〇一四年、九五七〜九五八頁
〔19〕Swami Tapasyananda and Swami Nikhilananda, Sri Sarada Devi, Holy Mother (Madras: Sri Ramakrishna Math, 1969), p.401
〔20〕同、p.405
〔21〕同、p.398
〔22〕同、p.423
〔23〕協会訳、永遠の伴侶、二〇一六年、二三四〜二三五頁
〔24〕協会訳、永遠の伴侶、二〇一六年、二五四頁
〔一〕この引用文について、これは善導大師（六一三〜六八一）による「観無量寿経疏」の中の一節である、という御指摘を、会員から頂戴しました。スワーミーが拠《よ》られた英文の書物に誤りがあったかと思われます。

第二五章　無形のものについての瞑想

非二元性のゴールははるか彼方《かなた》にある

ヒンドゥにおける真の礼拝の精神を表す有名なサンスクリットの韻文がある。

主よ、私は瞑想において、姿なきおんみを属性のある姿として思い描きました。主よ、世界の導師よ、おんみの栄光を讃える歌を歌うことによって、おんみがあらゆる言葉を超越しているという真実に背いてしまいました。おんみが巡礼の場所などで特に強く顕現していると言うことによって、おんみの遍在を否定してしまいました。宇宙の主よ、私が犯したあなたを損なう三つの罪をお許し下さい［1］。

すべての礼拝は、すべての形の背後に、あらゆる名前も象徴も超越した、相も特質もない、至高の光が輝いていることを前提に行われる。霊的な生活は、非二元性という最終的な経験を屋根に譬《たと》えれば、これに到達するための階段のようなものである。私たちのほとんどは屋根ではなくまだ階段にいるのであり、階段に重きを置かなければならない。しかし、私たちの目的はすべての階段の向こうにある屋根であることを、つねに覚えていなければならない。さらにまず、自分が実際どの階段に立っているか、分かっていなければならない。

多くの人が、しばしばアドヴァイタについて数冊本を読んだすぐ後で、非二元的な瞑想を実践したいと思う。非常に多くの人が、絶対者について話す。しかし、彼らが実践面で何を達成したのか？　ほとんどの者が、短期間であきらめている。彼らは、どこにもたどり着くことができないことに気がつくのだ。幾人かの他の者は、非二元論が彼らの理解の及ばぬものであることを理解するまで、何か月か何年もの間、無駄な努力を積み重ねるのだ。人は、非二元論が、実際に経験される境地であることを忘れている。重要なのは、あなたの知性が何を気に入るか、ということではなく、あなたに実際何ができるか、ということである。何事であれ、ただ単に本を読んだだけで試みてはいけない。

実際の霊的経験がある二元論者は、経験がない一元論者よりもはるかに優れている。

私たちが瞑想する限り、そこに瞑想と瞑想の対象となるものが、ごくかすかな形であっても存在する限り、それは二元論である。だから、私たちは、今は唯一不二のことについて心配する必要はないし、唯一の存在に溶け込むことを心配する必要はない。ほとんどの人にとって、そのような状態に到達するには、何百万年もかかるかも知れないことなのだ。

多の背後にある唯一の存在

けれども、唯一の存在を多の中に見ることは、もっとも重要なことである。あらゆる多様性の中にあっても、私たちは究極のゴールが唯一の存在であることを忘れるべきではない。無限、絶対不変の存在は、私たちが瞑想する神の姿の背景になければならない。信仰の道において大望を抱く者は、心と感情を彼がイシュタ・デヴァター（瞑想する対象の人格神）、すなわち聖なる個性に集中させなければならない。ほとんどすべての人は、瞑想にそのような聖なる御姿が必要なのである。しかし、こうした聖なる御姿は、絶対不変の本質の、ある特定の顕現に過ぎないことを忘れるべきではない。あなたの魂と聖なる個性は、ヴェーダーンタ哲学がブラフマンと呼ぶ絶対不変の原則において一体である。しかし、聖なる個性はブラフマンの特別の現れである。

偉大な神の化身や予言者の中に、あなたは神の純粋さ、知識、愛などの特別の表れを見いだすだろう。私たちのちっぽけな人格の中核にも、これと同じ純粋さ、知識、愛などが存在する。しかし、それはすべて無知で覆われている。私たちの人格は、真の自己と偽りの自己とが組み合わさったものである。光のひらめきは光の本性を忘れ、自己を曇ったものだと思いこむ。そこから人生のすべての障害と不幸とが生じるのである。もしあなたが無限の意識の海の中でおぼれると想像するならば、あなたは自分の本性が粗野になった何か精妙なものであると感じるだろう。

形なきものについての瞑想の種類

しかしながら、聖なるみ姿を瞑想する代わりに、もしあなたが好むのなら、海や空や広大な光ないし空間といった非人格的な神聖な象徴のことを瞑想することができる。これが形がないものについての瞑想である、しかし、これは一元論でなくて、一元論に向けたわずかな一歩に過ぎないことは覚えておきなさい。光の海について瞑想することも、人格神を瞑想することも、ともに二元論的な瞑想である。しかし、前者は後者より一元論に近い。繰り返すが、経験を伴う二元論者は、経験を伴わない一元論者と比較にならない程よい。

無形のものに対する瞑想においては、崇拝の対象である膨大な塊である光と、光のかけらであるあなたの両方を思い、あなたが光の無限の海の中にひたりきっているさまを瞑想しなさい。最初のうちは、私たちは多かれ少なかれ自分の肉体のことだけを思い、私たちやすべてのものの背後にある意識の原理については、不完全な考えしか持っていない。それから、私たちは肉体を超える意識の原則に重きを置くようになり、聖なる火花がすべての肉体に宿り、生命を与えていることを見ようとし始めるのである。

信者が神を形あるものとして愛する場合と同じように、無形のものとして愛することは可能である。これは、ただ気質の問題に過ぎない。これに関しては、三つの段階がある。

一、有形で属性を持つ（サーカーラ、サグナ）

二、無形で属性を持つ（ニラーカーナ、サグナ）
三、無形で属性を持たない（ニラーカーナ、ニルグナ）
霊的な実践の過程において、私たちは、どちらに進むべきか、しっかりとした立場をとらなければならない。あるムードの時には有形で属性を持つ方向に向かい、他のムードの時には無形で属性を持つ方向に向かう信者がいる。どんなムードの時でも、どんな段階の時でも、私たちは神と接触しなければならない。この内面における接触は、瞑想の対象が形ある神か、形ない神かということよりも重要である。

シュリー・ラーマクリシュナは、サンスクリット語の次の一節を大変好んでいた。

私が自分の肉体を自分だと思っている間は、私はあなたの召し使いであり、あなたは私の主人です。私の意思はあなたの意思に従います。私が自分を肉体ではなくジヴァ（個々の魂）だと思っているときは、私はあなたの一部であり、あなたは全体です。私が自分を肉体でも心でもジヴァでもなく、霊として見ているときは、私はあなたと一体であることを悟るのです[2]。

私たちが選ぶ立脚点は、私たちの実際の経験に基づかなければならない。私たちは、本を読んだ後に私たちの態度を変えるようであってはいけない。より高い見解は魅力があるかもしれない。

けれども、私たちは、本当に実際の生活にそれを適用することができるか? それが問題である。一つの瞑想の形だけでは満足できない求道者がいる。彼らは、泡と波のように、崇拝者と崇拝されるものが一緒に存在する無限の大洋を想像する。信者は、自分自身のことより神のことを考える。それから、彼は崇拝する対象の中にある、そして、自分自身の中にもある原理について考えようとする。次のステップでは、泡と波の両方が、無限の海と一体になる。

ごくわずかでも個性に執着する場合は、何度でも生まれ変わらなければならない。この執着が止まるとき、ひとしずくの水は、海と一体になる。しかし、今は、私たちは海と一体になることを心配するには及ばない。それには、非常に長い時間がかかる。スワーミー・ヴィヴェーカーナンダがアメリカにいたとき、ある女性が彼に、ブラフマンと一体になるという考えは怖い、と言った[3]。スワーミージーは、ほほ笑んで、そんなことを恐れる必要はない、と答えた。水のしずくが海に到着するとき、太陽の光は水のしずくを蒸発させて、また地上に戻す。魂がブラフマンと一体になる差し迫った「危険」はない。ほとんどの人にとって、そうした状態を達成するためには、何百万年もの月日がかかるだろう。それまでは、彼らは何回も、同胞と一緒に働き、喜びと悲しみをともにするために生まれ変わってくる。

死ぬまでに、私たちはごくかすかでもよいから真理をかいま見て前進しなければならない。この生で成功できなければ、目標に到達するまで、何度でもやり直し、生まれ変わりながら前進しよう。

まず自分から始めよ

聖なる人格神を瞑想するにせよ、無形の神を瞑想するにせよ、一番大切なのは、私たち自身をこの肉体と同一視することを、より少なくすることである。ある人びとは、形あるものを崇拝することについて、「粘土の像」を崇拝している、と非難する。それなのに彼らは自分の肉体にしがみついているのだ。多くの人にとって、自分自身の身体が、この世でもっとも崇拝に値するものなのである。この種の肉体崇拝は、およそ存在する偶像崇拝の中で最悪のものである。それなのに、「粘土の像」を崇拝しないので、自分たちは優れていると感じる人が非常に多い！　ある人びとは、神の性質を分析したがっているのに、自分自身を分析する気がない。無形や非情という概念を神にあてはめる前に、まずあなた自身にあてはめてみなさい。真理をどのようなものとして認識するか、ということは、私たちが自分自身をどのようなものとして認識するかに依存する。これは重要な法則である。それだから、形なき神を瞑想するためには、まず自分自身を形がないものとして認識しなければならない。神を人格がないものとする前に、まず自分自身の人格をなくす必要がある。これができる人はほとんどいない。それだから、ほとんどの人は非人格神を瞑想しても、ほとんど何も得ることができないのだ。多くの人が無形の神を瞑想するという口実で、心を不活発な状態にしている。訓練されていない心からすべての姿を取り除こうと試みても、普通は眠りに陥ってしまうか、場合によってはよい考えの代わりに悪い考えを抱く羽目に陥ってしまう。だから、無形の実在についての瞑想を実践するためには、まずは自分自身から始めよ。自分を、霊として、内なる光として見るのだ。

肉体を内面から見て、霊が肉体に生気を与えていると考えることで、思いと感覚が完全に消滅することはないにせよ、自我を意識する度合いは、はっきりと少なくなる。この内面から見る、というプロセスを、ある姿が心の中に現れ、困難を作り出す場合にも適用するようにしなさい。私たちの外形も、その他のもの、私たちの欲望や情欲と関わっているが、それらは私たちが内省するやいなや消えてしまう。顔は、私たちの肉体意識において大きな役割を果たしている。私たちは顔についても、内面から見ることができるかもしれない。崇拝の気持ちをもてば、すべての姿の中に神を見ることはより容易になる。

まず、私たちは人格を成熟させ、その後非人格の存在に、いわば溶け込まなければならない。この非人格の存在から純粋な人格が生まれる。この純粋な人格は、いつも非人格の存在を意識し、依存している。それが私たちの高次の「自己」なのである。神の真の道具となるのは、それである。

私たちは、魂の観点から考えることを学ばなければならない。決して自分自身が男性であるとか、女性であるとか考えてはならない。この腐った自我の意識を、この意味のない自我を、次のようなシャンカラのすばらしい一節で爆撃することによって吹き飛ばせ。

私は心ではない、理性ではない、自我ではない、感情ではない、聴覚、味覚、嗅覚、触覚、視覚でもない。土にも、火にも、空気にもあらず。私は純粋意識と至福である。私は究極の「自己」である、私は究極の「自己」である[4]。

私は男性でもない、女性でもない、中性者でもない。私はかの至福の霊であり、究極の光である[5]。

私は人間でもない、神々でもない、半神でもない。私はブラーミンではなく、クシャトリヤでもなく、ヴァイシャでもなく、シュードラでもない。私は学生ではない、家住者でもない、森住者でもない、出家者でもない。私は「自己」である、無限の意識である[6]。

真剣に繰り返し続けなさい。「私はブラフマン」、「私はブラフマン」と。

意識の状態

肉体が私たちの中心意識であるかもしれない。小さな魂が私たちの中心意識であるかもしれない。無限者が私たちの中心意識であるかもしれない。そして、私たちのすべての態度や行為、考えは、私たちが何を中心意識に選び、何に重点を置くかに依存する。

私たちは、二種類の意識を持っている。私たちは、魂を私たちの意識の中心に置き、無限者をその中に感じている。あるいは、私たちは無限者を私たちの意識の中心に置き、魂はその無限者が顕現したものであると感じている。魂を中心意識とすることによって、無限者がその周囲をすっかり取り囲んでいると感じている。あるいは、無限者を中心意識とすることによって、魂はその中に存在する点のようなものであると感じている。あらゆる魂は、点のようなものである。そして、神は無限の光の大海であって、すべての点はその中に含まれている。最初は、こうしたことすべては想像に過ぎないかもしれない。しかし、最後にはそれは経験となる。

私たちは、次の三つの霊的態度にとどまるよう、努力しなければならない。

一、一なるものに安住し、個性はその中に融合する。

二、無限者と自己とを同一視し、人格は、その無限者が顕現化したものに過ぎないと感じる。

三、自分自身を個だと考え、その後内在し、遍在する原理の存在を感じ、私たちの魂が私たちの魂の「魂」に依存していることを感じる。

エゴが存在する限り、二または三の方法によって無限の自己に結びつくようにしよう。エゴが無限の自己以上にリアルな存在になることを許してはならない。

一体であるという感覚を強めるために、一種の一元論的な瞑想を繰り返し行うことができる。一歩一歩登るようにしなさい。もっとも高貴な性質を有する神の姿から、性質を有する無形の神へと進みなさい。そこから、形も属性もない、純粋な存在へと進みなさい。

そして、その状態から戻ってくるとき、それとは逆の順序で行いなさい。もしこれをすれば、あなたは肉体意識が強い時でさえ、魂がいつも神に支えられ、神と結びついていることが分かるだろう。

非人格的な瞑想

次のような種類の無形の瞑想を行うこともできる。

一、自分が分割されていない、そして永遠に分割することができない、実在・智識・至福の大海に泳ぐ魚であると想像する。

二、自分がどこもさえぎるものがない無限の大空を飛ぶ鳥であると想像する。

三、自分が完全に水の中に浸《つ》かって、内にも外にも水が一杯の状態になっている壺《つぼ》であると想像する。

四、自分が自己意識を持った一個の光であって、分割することのできない光の大海の中にいると想像する。

自分自身を一個の光であるとみなしなさい。そうすると、それが無限の領域を持った光の一部であると感じるだろう。そして最後には、自分自身の光の範囲を拡大するか、莫大《ばくだい》な光と一体になるか、自分自身の光をあらゆる場所に移動させるようにしなさい。あらゆる場所が光以外何もなくなる。これは、すばらしい瞑想の方法である。

天文学を少し勉強することで、広大さの感覚をつかむことができる。私たちは、無限については考えられないが、広大さについては考えることができる。そして、それを徐々に大きくしていくのである。空間の広大さや、星々や銀河の信じられない大きさについて考えてみよう。ブリハッダーランニャカ・ウパニシャドの中で、次のように言っている。

無限者は、あらゆる星々や惑星に住んでいる。それらの内にも外にも住んでいる。同じ無限者が人間にも住まわれている[7]。

有限なもの、つまらないもの、ちっぽけなものについて考えるかわりに、広大なもの、無限なもの、星々、太陽系、銀河系や星を新しく生みだす過程にある星雲のことを考えよう。その後、すべてを――この大地や空や太陽系やその他のすべてを――無限の、分かつことができない光の大海に溶け込ませよう。

有名なプルシャ・スークタは、ヒンドゥのもっとも古く、もっとも聖なる賛歌である。その中でヴェーダのリシが「この顕現している宇宙のすべては、神の栄光のほんの一部分に過ぎない[8]」と語っている。宇宙も結局、そんなちっぽけなことに過ぎないのだ！

ちっぽけな、つまらない、卑しい、取るに足りないことをくよくよと考え、心が縮んでいるときはいつでも、こうした高揚させる考えを思うようにしなければならない。天空の広大さ、数え切れない太陽系の広大さのことを思ってみよ。けれども、神が自然の中、天空の中に表れている、と思っても、自然は神ではないことを知らねばならない。

時には、集中するために、私たちはそれが人間の姿を取っているにせよ、取っていないにせよ、ある特定の姿が必要となる。そうでなければ、ほとんどの人にとって集中することは可能ではない。対象とするものについて、特定の姿がなければ、私たちは心を定めて集中することができない。少なくとも、ほとんどの人は、姿がないものについて集中することはできない。

それゆえ、集中するためには、何か特定のもの、何か有限なものが必要となるのだ。この場合、どの特定の姿を選ぶか、ということについては、それぞれの人の性分による。集中することについて熟達したときに、有限なもののなかに住まう無限のものについて瞑想することを試みようではないか。もし、あなたが無限者と有限なものとを関連付けることができ、有限なものを無限者が顕現したものであるとみなすことができれば、そうした瞑想は大変立派なものである。しかし、有限なものを決して神聖なものであるとしてはならない。求道者は、すべての姿の背後にある神聖さを見なければならない。しかし、有限な姿を神であるとみなしてはならない。最初のケースでは彼は神聖さに重きを置くが、二番目のケースでは彼は姿に重きを置く。それは大変危険であり、妄想に至る道である。私たちが有限なものを無限者が顕現したものであるとして瞑想するとき、私たちは集中すると同時に広がっている。そのような瞑想は、もし適切に行われれば、大変立派なものである。

これらすべての瞑想の中で、私たちは魂についてのもっとも重要な事実を忘れてはならない。有限な姿を瞑想する場合であろうとも、無形の存在を瞑想する場合であろうとも、私たちは、自分自身を魂であると見なければならない。そして、シャンカラが言う通り、つねに神は魂よりももっと現実的で広大であることを覚えておかなければならない。

おお、主よ。大洋と一体になるのは波であって、大洋が波と一体になるのではありません。それゆえ、すべての限界が私から取り払われたとき、あなたと一体になるのは私であって、私の中にあるあなたが私と一体になるのではありません[9]。

「自己」に没頭する

もっとも高い霊的意識の中で、求道者は現象世界のことをまったく忘れてしまう。「ラーマクリシュナの福音」の中で、この考えは鳥を狙っている狩人《かりゅうど》を通じて語られている。狩人は自分の仕事にとても集中していたため、騒がしい婚礼の行列が通り過ぎても、そのことに気がつかなかった[10]。

霊的生活における基本的な法則は、私たちが真実であると考えたものは何であれ、私たちのエネルギー、知性、考えや行為のすべてを引き付ける、というものである。もし私たちがこの世界をリアルなものであると考えるならば、私たちはそれに没頭してしまう。科学者は、宇宙の抽象的な概念に強く没頭する。もしあなたが霊的生活に向かいたいのなら、この世が霊よりもリアルであってはならない。人は、神が世界すべてよりもリアルであることを信じるまでは、二元論者にすらなれない。二元論者ですら、世界を神よりも下位の現実であるとみなしている。神だけが永遠不滅である。この世界に神と同等の地位を与えている宗教はない。

一元論は、最初の最初からこの世は虚妄で、ただ神だけが真実であると主張している。二元論は、この世が真実であるというところから始め、その後それを真実ならしめている神を探そうとする。しかしながら、求道者が超意識の状態に入れば、一元論からはじめようと二元論からはじめようと、現象界は彼の意識から消え去る。これは注目すべきポイントである。この世界が真実であるかないかは問題ではない。もっと大事なことは、神のリアリティにより重きを置き、それとの接触を確立することである。

私たちの個性をどのようにして神と結びつけるか？　部分が全体とどうやって結びつくか？これが私たちの霊的な生活における課題である。そうすることに成功すればする程、それに応じて私たちはより霊的になり、悟りを得て自由になる。

秘訣《ひけつ》は、自分自身についての考えを改めることである。もし私たちが自分自身を肉体であると思えば、この世とすべての物事は当然のことながら肉体に関連づけられる。私たち自身のことを魂であると考えたとき、はじめて神が私たちにとって現実のものとなる。それでは、私たちは肉体である、私たちは男性または女性である、私たちは行為者でありその結果を享受するものである、といった考えにどのように立ち向かえばよいのだろうか？　そのためには、これと反対の考えを強烈に思えばよい。これを非常に強烈に、かつ生き生きと思い浮かべることで、他のすべての誤った考えを次第に消し去るのだ。すべての霊的求道者は、哲学的に一元論者であるか二元論者であるかに関わりなくこのことを行わなければならない。彼は、自分自身を啓発されたアートマンであるとみなし、肉体にも心にも執着しないようにしなければならない。彼はこの真理について深く考え、ついにはこの考えが彼の人格に深く浸透し、生活態度が変容するようにしなければならない。

純粋さを獲得するための秘訣がここにある。アートマンは永遠に純粋であり、これが私たちの真の性質である。私たちの真の性質を悟らない限り、たとえどんなに努力をしたところで、私たちは真の純粋さを獲得することはできない。実際、すべての不純さの土台は、アートマンを心や感覚や体と同一視することである。

アートマンを考えることによって私たちはアートマンになる

心は遺伝によっていつまでも条件付けられるようなものではない。活発に動く性質を持っており、適切な訓練によって変化させることができる。これまで経験したあらゆる種類の経験が心に記憶されている。記憶されたことは、いわば私たちの性質の一部となる。悪人のことを考えることによって、私たちは彼の態度を吸収し、私たち自身悪に染まってしまう。聖者のことを考えることによって、私たちは彼の純粋さと徳を吸収し、私たち自身聖なるものとなる。これはすべての人に働く心理学的な法則である。この法則は、大昔にインドで発見され、あらゆるタイプの霊的な瞑想の基礎となっている。一元論者ですら、「自己」の性質を絶えず考えることによって心を変化させることの価値を認めている。それだからギャーナの道に従う人は、偉大なウパニシャドの金言、例えば「それがあなたである」、「私はブラフマンである」、あるいはシャンカラや他の教師によって書かれた、非二元的な経験を描写した一節を瞑想するのである。

「自己」の性質について熱心に心を集中させることによって、「自己」についての忘れられた記憶を呼び覚ますことができる。しかし、そこには熱心な集中がなくてはならない。心のすべてを狙った的に向けるべきである。しかしながらこのことは、その前に心を清め、現象界に対する見方を変えない限り不可能である。俗世とその楽しみに対する平静さなしには、人は心のすべてをアートマンに向けることはできない。

普通の人の心は落ち着きがない。それはつねに感覚の対象物によって様々な方向に引きつけられる。そして、衝動や願望によってあちらこちらに駆り立てられる。私たちは自分の行為についていかなる言い訳をしようとも、感覚の対象物に対する執着の力を認めざるを得ない。この世に全く執着しない人は、即座に彼の心のすべてをアートマンに向けることができる。不断の瞑想によって彼は自分がアートマンであって、心でも肉体でもないことを悟る。

バーガヴァタムでは右の考えを、アヴァドゥータ（遍歴僧）がゴキブリとスズメバチの話から学んだ教訓として伝えている[11]。スズメバチがゴキブリやイモムシやクモなどを針で麻痺《まひ》させた後に巣に運ぶことはよく知られている。それからスズメバチは、手も足も出ない犠牲者の近くに卵を産んで巣を塞ぐ。卵からかえった幼虫は、犠牲者の昆虫を食べてスズメバチに育つのである。こうしたスズメバチの生態はインドでは発見されていなかったと思われるが、スズメバチの巣にゴキブリなどがいることはよく知られていた。それで、ゴキブリがスズメバチのことを一心に瞑想することによって、ゴキブリがスズメバチそのものになった、と広く信じられるようになった。これが、ヒンドゥ文学で広く使われている、「スズメバチとゴキブリ」の寓話《ぐうわ》の土台となっているのである。

このことは、「自己」についてのこの種の瞑想が、一種の自己暗示であるということを意味しているのではない。「真理」は通常の人間の経験を超えているものの、純粋な心によって直接経験することができる。それだから、この場合の瞑想は、真理でないものに基づくのではなく、真理に基づくものである。瞑想はただ、「それ」自身によって輝く「真理」と反対の考えが生じることがないようにするだけである。アートマンはおのずから輝き、つねに存在するものであって、すべての思考を超越している。集中によって思考が静まり、アートマンを覆っている無知が破壊されれば、「自己」が輝くのである。

崇拝と識別の二重の過程

私たちの普段の生活における考えや行動は、私たちが自分の本当の自己と粗大な体および精妙な体とを、完全に同じモノとして見てしまっていることを示唆している。そして、私たちはこうした誤った同一視をすぐに取り除くことはできないのであるから、少なくともこの誤った見方をできるだけ少なくするように努めなければならない。目標に向かって前進すればするほど、こうした誤った同一視を少なくするように努めなければならない。

私たちのすべての感情の背後には、私たちは男性である、または女性である、あるいは私たちは人格や個性を持っている、という考えがあり、これが困難のもととなっている。同時に、私たちは霊的な求道者か神の信者である、とも感じている。この感情を、人格という考えを超越する手段として役立てることができる。私たちは、自分が求道者か信者であるという考えを持ち続け、男性または女性の神を崇拝することができる。しかし、こうした考えを持ち続けるのと同時に、一定の自己分析を行うことも、絶対に必要である。なぜなら、求道者や信者という考えでさえ、究極的には誤った概念なのである。

私たちは、どうせ徹底的な自己分析の道に従うことはできないのであるから、ミックスされた道に従う必要がある。私たちは神を崇拝し、私たち自身を信者であるとみなす。同時に私たちの人格を分析し、それを「自己」と粗大な体と精妙な体からできている「自己」でないものとに分かち、次いで自分自身を「自己」であると考えて「自己」でないものを取り去るように努力しなければならない。これが、崇拝と分析の二重の過程であって、すべての人がこれに従わなければならない。

集中については、私たちのほとんどは人格を持った理想の神、人格神（イシュタ・デヴァータ）が必要である。しかし、選んだ理想神の瞑想を続けると同時に、聖なる人格神もその現れであるところの「原理」について思いを馳《は》せ、瞑想するように努めなければならない。このようにして私たちは神の人格的な側面と非人格的な側面の両方を瞑想することを学ぶのである。これに加えて私たちは一元論的な瞑想も行う必要がある。これによって「自己」を「自己」でないすべてのもの、すなわち私たちの粗大な体と精妙な体から切り離すように努力しなければならない。このコースは、すべての人が従わなければならないものである。これは絶対に不可欠であって、これを何度でも繰り返さなくてはならない。

毎日、神を対象とした瞑想と一元論的な瞑想をセットにした、あらかじめ定められた一連の瞑想を行うことも、絶対に不可欠である。そして、これらの瞑想は、毎日欠かすことなく、また変更することなく行われなければならない。私は、これが実際に行われているかどうかは知らない。しかし、これを私たちの修行の一部として几帳面《きちょうめん》に行わなければならない。これは、私たちのサーダナ（霊的修行）として、絶対に必要なことである。もし肉体意識や個人の個性の意識が普段より強く感じられる場合にはいつでも、ある聖典の言葉、とりわけ一元論的な言葉を、普段よりも強く瞑想しなければならない。人は、もし自分の心が強く反発した場合でも、もっと瞑想しなければならない。私たちは、つねにある重要なアイディアやある特定の章句を、何度でも繰り返し思い出さなければならない。これは毎回新しい読み物を読むよりもずっとよい。このうちのある考えは、何度も繰り返し実践するうちに、私たちの奥深くに潜り込むに違いない。

だから、この現象界から生じる悲嘆や苦悩の中で、私たちは絶えず自分自身をそれらから引き離し、私たちの中にある神の方に向かわなければならない。外界から遠く引き離すことは、それによって更に神の方向に向かっていくか否かにかかわらず、すべての真の霊的な人間にとって、必要不可欠なことである。世俗的な人びとは、これとまったく逆のことをしている。識別によって現象界から私たちを切り離す努力をせずに彼らは神の方に近づこうとしている。仮に私たちのちっぽけな人格を肉体と心から切り離すことができたとしても十分ではない。そうではなくて、私たちは、限られた自己を無限者に結びつけるよう、また、個性を普遍のものに結びつけるよう、努力しなければならない。これが当面私たちにできることのすべてである。なぜなら、超越的なもの、すなわち絶対者ないしは唯一無二の存在ははるか彼方《かなた》にあり、長い年月を経ない限り、私たちはそこに到達することができないからである。

私たちは、自分自身を肉体と同一視することが少なくなればなる程純粋になる。そして純粋になればなる程、自分自身を肉体と同一視することが少なくなる。これら二つ、純潔と離欲とは、並行して進む。それは、お互いが同時に成長するのであって、悪循環ではない。そして、自分自身を肉体と同一視することが少なくなればなる程、純化される度合いが強まれば強まる程、その程度に応じて私たちは真我実現に向けて前進するのである。

あるウパニシャドの中に、次のような一節がある。

自己を下のかくはん棒とし、オームを上のかくはん棒とし、瞑想を実践することでこすり合わせれば、主の隠された本当の属性を見ることができる[12]。

すなわち、人はジャパを着実に、根気強く続けなければならない。同時に、心を「自己」に集中させせなければならない。これが礼拝と自己分析の二重のプロセスである。

思考としての知識は無知を取り除き、それからその知識は消える。知識は求道者に個別の自己についての真の認識と普遍の「自己」についての真の認識を与える。そしてその結果両者の完全な合一がもたらされる。その後それは存在することを止め、知る者も知識も知られる者もない「絶対的存在」が到達される。純粋で無限の「意識」だけが残る。

二元論のアプローチをとる信者は、自己を神に結びつけようと試みる。非二元論者は、極限まで識別することによって、神でないすべてのものを取り除く。そして、ついには神が悟られるのである。両者ともエゴを否定し、取り除こうとする。ただ、やり方が異なるだけなのだ。神の信者は、「私は無価値です。あなたがすべてです」と言う。非二元論者は、「私の人格はない、無限なるものがすべてである」と言う。この考えを述べたサンスクリット語の一節がある。

ある人は、「私はおんみのものである」、と言っておんみを礼拝する。他の人は、「私はおんみに他ならない」と言っておんみを礼拝する。こうした小さな姿勢の違いはあるが、最終的な結果は同じである〔13〕。

実のところ、無限の「おんみ」と無限の「私」は同じものである。どちらも同じ究極の悟りに導く。ただそれをどのように言い表すかが異なるだけなのである。従って、いずれも正しいやり方なのである。

[1]

रूपं रूपविवर्जितस्य भवतो ध्यानेन यत्कल्पितं
स्तुत्यानिर्वचनीयताखिलगुरो दूरीकृता यन्मया ।
व्यापित्वञ्च निराकृतं भगवतो यत्तीर्थयात्रादिना
क्षन्तव्यं जगदीश तद्विकलतादोषत्रयं मत्कृतम् ॥

——出典不明

[2] 協会訳、ラーマクリシュナの福音、二〇一四年、三六頁、四七三頁、六一七頁、七一三頁他
[3] Eastern and Western Disciples, Life of Swami Vivekananda (Calcutta: Advaita Ashrama, 1974), p.351
[4] Nirvana Satkam, 1
[5] Nirvana Manjari, 1
[6] Hastamalaka Stotram, 2
[7] ブリハッダーランニャカ・ウパニシャド、三・七・一一

〔8〕リグ・ヴェーダ、一〇・九〇・三
〔9〕第二一章、注二七参照。
〔10〕協会訳、ラーマクリシュナの福音、二〇一四年、七九一頁
〔11〕バーガヴァタム、一一・九・二三
〔12〕シュヴェーターシュヴァタラ・ウパニシャド、一・一四
〔13〕Narahari, Bodhasara

瞑想と霊性の生活 3

2017 年 5 月 28 日 初版第 1 刷発行
発行者　日本ヴェーダーンタ協会会長
発行所　日本ヴェーダーンタ協会

249-0001　神奈川県逗子市久木 4-18-1
電 話　046-873-0428
E-mail　info@vedanta.jp
Website　vedanta.jp
FAX　046-873-0592
Twitter　@vedanta_jp

印刷所　モリモト印刷株式会社

万が一、落丁・乱丁の場合は送料当方負担でお取替えいたします。
定価はカバーに表示してあります。

ISBN978-4-931148-62-8
Printed in Japan

インド賢者物語　価格 900 円（B5 判、72 頁、2 色刷り）スワーミー・ヴィヴェーカーナンダ伝記絵本。

電子書籍

インスパイアード・トーク　価格 800 円（アマゾン、キンドル版）—魂を鼓舞する会話—スワーミー・ヴィヴェーカーナンダのアメリカにおけるクラスでの深遠な会話集。アマゾンで書籍名検索ください。

D V D

ヴィヴェーカーナンダ・バイ・ヴィヴェーカーナンダ（字幕付）
価格 2500 円（127 分）　ドラマ仕立てのヴィヴェーカーナンダの詳細な生涯。
スワーミー・ヴィヴェーカーナンダ生涯の記録（字幕付）
価格 2000 円（54 分）　監督プロノイ・ロイ、ラディカ・ロイによる貴重な記録。

C　D

シュリー・ラーマクリシュナ・アラティ　価格 2000 円（約 60 分）毎日ラーマクリシュナ・ミッションで夕拝に歌われているもの、他に朗唱等を含む。

シヴァ - バジャン（シヴァのマントラと賛歌　価格 2000 円（約 75 分）　シヴァに捧げるマントラと賛歌が甘美な声で歌われ、静寂と平安をもたらす。

こころに咲く花　～ やすらぎの信仰歌 ～　価格 1500 円（約 46 分）　日本語賛歌 CD です。主に神とインドの預言者の歌で神を信じる誰もが楽しめる内容。

ラヴィ・シャンカール、シタール　価格 1900 円 世界的な演奏家によるシタール演奏。瞑想などの BGM に。

ハリ・プラサード、フルート　価格 1900 円 インド著名な演奏家によるフルート演奏。瞑想などの BGM に。

Vol.　番 ディッヴャ・ギーティ（神聖な歌）１～３　各価格 2000 円（約 60 分）聞く人のハートに慰めと純粋な喜びをもたらし、神への歓喜を呼び覚ます歌です。

ディヤーナム（瞑想）　価格 2000 円（77:50 分）信仰の道（バクティ・ヨーガ）、識別の道（ギャーナ・ヨーガ）の瞑想方法を収録。

普遍の祈りと賛歌　価格 2000 円（44:58 分）サンスクリット語の朗誦と賛歌によるヴェーダ・マントラ。

シュリマッド・バガヴァッド・ギーター（3 枚組）価格 5000 円（75:27、67:17、68:00 分）サンスクリット語。インドの聖なる英知と至高の知恵の朗誦、全 18 章完全収録。

シュリマッド・バガヴァッド・ギーター選集　価格 2200 円（79:06 分）上記のギーター 3 枚組より抜粋し、１枚にまとめた CD。

※その他　線香、写真、数珠などあります。サイト閲覧又はカタログをご請求ください。

会　員

協会会員には、雑誌講読を主とする準会員（年間４０００円）と協会の維持を助けてくれる正会員（年間１２０００円またはそれ以上）があります。正・準会員には年６回、奇数月発行の会誌「不滅の言葉」と、催し物のご案内をお送り致します。また協会の物品購入に関して１５％引きとなります。（協会直販のみ）（会員の会費には税はつきません）

eBook QR コード

協会内 ebook　　アマゾン内 協会書籍　　アマゾン内 不滅の言葉

100のQ&A 価格900円(B6判、100頁) 人間関係、心の平安、霊的な生活とヒンドゥー教について質疑応答集。スワーミー・メーダサーナンダ著。

永遠の物語 価格1000円(B6判、124頁)(バイリンガル本) 心の糧になるさまざまな短篇集。

ラーマクリシュナの福音要約版 上巻　価格1000円(文庫判、304頁)「ラーマクリシュナの福音」の全訳からの主要部分をまとめた要約版上巻。

ラーマクリシュナの福音要約版 下巻　定価1000円(文庫判、400頁)

「ラーマクリシュナの福音」の全訳からの主要部分をまとめた要約版下巻。

スワーミー・ヴィヴェーカーナンダと日本　価格1000円(B6判、152頁) スワーミーと日本との関連性をまとめた。スワーミー・メーダサーナンダ著。

インスパイアリング・メッセージ Vol.1　価格900円(文庫版変形、152頁) 世界の偉大な預言者のメッセージを集めた小冊子です。

インスパイアリング・メッセージ Vol.2　価格900円(文庫版変形、136頁) 世界の偉大な預言者のメッセージを集めた小冊子の第2弾です。

はじめてのヴェーダーンタ　価格1000円(B6判、144頁) はじめてインド思想のヴェーダーンタに触れる方々のために書かれたもの。

真実の愛と勇気(ラーマクリシュナの弟子たちの足跡) 価格1900円(B6判、424頁) 出家した弟子16人の伝記と教えが収められている。

シュリーマッド・バーガヴァタム価格1600円(B6判、304頁) 神人シュリー・クリシュナや多くの聖者、信者、王の生涯の貴重な霊性の教えが語られている。

ラーマクリシュナの生涯(上巻)価格4900円(A5判、772頁) 伝記。その希有の霊的修行と結果を忠実に、かつ詳細に記録。

ラーマクリシュナの生涯(下巻)価格4900円(A5判、608頁)伝記の決定版の下巻。

シュリーマッド・バガヴァッド・ギーター　価格1400円(B6変形、220頁、ハードカバー) ローマ字とカタカナに転写したサンスクリット原典とその日本語訳。

抜粋ラーマクリシュナの福音　価格1500円(B6判、436頁) 1907年、「福音」0の著者みずからが、その要所をぬき出して英訳、出版した。改訂2版。

最高をめざして　価格1000円(B6判,244頁)ラーマクリシュナ僧団•奉仕団の第6代の長、スワーミー•ヴィラジャーナンダが出家・在家両方の弟子たちのために説いた最高の目標に達するための教え。

カルマ・ヨーガ　価格1000円(新書判、214頁) ヴィヴェーカーナンダ講話集。無執着で働くことによって自己放棄を得る方法を説く。

バクティ・ヨーガ　価格1000円(新書判、192頁) 同上。人格神信仰の論理的根拠、実践の方法及びその究極の境地を説く。

ギャーナ•ヨーガ　価格1400円(新書判、352頁) 同上。哲学的思索により実在と非実在を識別し、真理に到達する方法を説く。

ラージャ•ヨーガ　価格1000円(新書判,242頁)同上。精神集中等によって、真理に至る方法を説く。

シカゴ講話集　価格500円(文庫判、64頁) シカゴで行われた世界宗教会議でのスワーミー・ヴィヴェーカーナンダの全講演。

ラーマクリシュナ僧団の三位一体と理想と活動　価格900円(B6判、128頁) 僧団の歴史と活動および日本ヴェーダーンタ協会の歴史がわかりやすく解説されている。

霊性の修行　価格900円(B6判、168頁) 前僧院長ブテシャーナンダジによる日本での講話。霊性の修行に関する深遠、そして実践的な講話集。

瞑想と霊性の生活1　価格1000円(B6判、232頁) スワーミー・ヤティシュワラーナンダ。灯台の光のように霊性の旅路を照らし続け、誠実な魂たちに霊的知識を伝える重要な概念書の第1巻。

日本ヴェーダーンタ協会 刊行物

vedantajp/ショップ/

CD 新譜

シヴァ神のマハームリットゥンジャヤ・マントラ 108 価格 1200 円（72 分 44 秒）このマントラは、インドの霊的伝統に基づく有名なマントラ（真言）の一つで、強い霊的波動と加護の力を持つことから広く唱えられています。マントラを 108 回唱えることは神秘的で特別な意味があり、心にも魂にも大きな効果をもたらします。

ガーヤットリー・マントラ 108 価格 1200 円（78 分 31 秒）このトラは、深遠な意味と高い霊的忘我のムードがあることから、インドの霊的伝統で最も有名なマントラ（真言）の一つです。マントラを 108 回唱えることは神秘的で特別な意味があり、心にも魂にも大きな効果をもたらします。

新価格、新カバー

新価格・新カバー：わが師 1300 円→ 1000 円 (B6 判、246 頁) スワーミージー講演集。「わが師（スワーミーが彼の師ラーマクリシュナを語る)」、「シカゴ講演集」、「インドの賢者たち」その他を含む。

新価格・新カバー：ヒンドゥイズム 1300 円→ 1000 円 (B6 判、266 頁) ヒンドゥの信仰と哲学の根本原理を分かりやすく解説した一般教養書。

新価格：霊性の師たちの生涯 1300 円→ 1000 円 (B6 判、301 頁) ラーマクリシュナ、サーラダー・デーヴィーおよびスワーミー・ヴィヴェーカーナンダの伝記。

新価格・新カバー：神を求めて 900 円→ 800 円 (B6 判、263 頁)　ラーマクリシュナの高弟、禁欲と瞑想の聖者スワーミー・トゥリャーナンダの生涯。

新価格：CD マントラム 2000 円→ 1500 円（約 79 分）［第 2 版］。インドと日本の朗唱集。インドおよび日本の僧侶による。心を穏やかにし、瞑想を助けます。

書　籍

永遠の伴侶改訂版 価格 1300 円 (B6 判、332 頁) 至高の世界に生き続けた霊性の人、ブラフマーナンダジーの伝記、語録と追憶記も含む。

秘められたインド改訂版　価格 1400 円（B6、442 頁）哲学者 P・ブラントンが真のヨーギを求めてインドを遍歴し、沈黙の聖者ラーマナ・マハリシに会う。

ウパニシャド改訂版 価格 1500 円（B6、276 頁）ヒンドゥ教の最も古く重要な聖典です。ヴェーダーンタ哲学はウパニシャドに基づいています。

ラーマクリシュナの福音 価格 5000 円（A 5 判、上製、1324 頁）近代インド最大の聖者ラーマクリシュナの言葉を直に読むことができる待望の書。改訂版として再販。

ナーラダ・バクティ・スートラ　価格 800 円（B6、184 頁）聖者ナーラダによる信仰の道の格言集。著名な出家僧による注釈入り。

ヴィヴェーカーナンダの物語 価格 800 円（B6 判、132 頁）スワーミー・ヴィヴェーカーナンダの生涯における注目すべきできごとと彼の言葉。

最高の愛 価格 900 円（B6 判、140 頁）スワーミー・ヴィヴェーカーナンダによる信仰（純粋な愛）の道に関する深い洞察と実践の書。

調和の預言者 価格 1000 円(B6 判、180 頁) スワーミー・テジャサーナンダ著。スワーミー・ヴィヴェーカーナンダの生涯の他にメッセージ等を含む。

立ち上がれ 目覚めよ 価格 500 円（文庫版、76 頁）スワーミー・ヴィヴェーカーナンダのメッセージをコンパクトにまとめた。